Nouvelles procédures civiles, nouvelles pratiques professionnelles ?

Bilan et perspectives

Droit privé et sciences criminelles

Collection dirigée par Yves Strickler

Créée fin 2011 par Yves Strickler et le Centre d'études et de recherches en droit privé (devenu le Centre d'études et de recherches en droit des procédures en 2013) de la Faculté de droit et science politique de Nice, la présente collection a pour vocation principale de publier des ouvrages en liaison avec le thème retenu pour dénomination de la collection. Cette dernière rassemble des recherches originales, tirées notamment de travaux de recherche, de manifestations scientifiques ainsi que d'ouvrages collectifs sur les interrogations actuelles que rencontre la science juridique, spécialement dans le domaine du droit privé et des sciences criminelles.

Parutions antérieures

Défiance, doute, incertitude : quelle place pour la notion de confiance dans les sociétés modernes ? (dir. Julie Tribolo), 2019, 90 pp.
L'enfant à l'épreuve de la séparation parentale (dir. Laetitia Antonini-Cochin et Marie-Cécile Lasserre), avril 2019, 126 pp.
Les grands principes des répartitions dans les procédures collectives, Maxence Guastella, mars 2019, 300 pp.
La cession de dette, Jean-Baptiste Bottin, mars 2019, 148 pp.
Déclaration des droits de l'homme et du citoyen. Postérité et actualité (dir. Jimmy Meersman et Rémi Puigventos), février 2019, 238 pp.
Médiation et entreprises. Regards croisés Droit et Gestion (dir. Gulsen Yildirim, Isabelle Sauviat et Romain Dumas), janvier 2019, 142 pp.
La procédure (dir. Joanna Genovese et Giovanna Debernardi), octobre 2018, 138 pages
Techniques de critique d'une décision « définitive ». Imprécision sémantique et pérennité des décisions de justice en procédure civile, Tennessee Caen, juin 2018, 160 pages
Réforme de la prescription pénale (dir Christine Courtin et Jean-Raphaël Demarchi), juin 2018, 154 pages
Droit des sociétés et procédures collectives (dir. Laurence-Caroline Henry), janvier 2018, 207 pages
Le concept d'arbitrage (dir. Camille Leroy et Loïc Yboud), décembre 2017, 221 pages
Procédure civile et nouvelles technologies, Delphine de Lorgeril, septembre 2017, 164 pages
Mélanges en l'honneur du Doyen Roger Bernardini, « Parcours pénal » (dir. Christine Courtin, Marc Dalloz, Fabienne Ghelfi, Jean-François Renucci), mars 2017, 313 pages

Victor Hugo et les magistrats, Marcel Foulon, octobre 2016, 198 pages
Variations juridiques et sociologiques - Regards experts sur les grandes mutations du droit (dir. Marc Dalloz), septembre 2016, 141 pages
De la mobilisation du fait à la réalisation du droit (dir. Maxime Lei et Loïc Yboud), septembre 2016, 225 pages
Les enjeux patrimoniaux de la séparation - Questions récurrentes (dir. Laetitia Antonini-Cochin), juillet 2016, 112 pages
Les aspects procéduraux du dessaisissement, Benjamin Ferrari, février 2016, 192 pages
Le droit et les sentiments (dir. Laurie Bolleri-Schenique et Delphine Lanzara), décembre 2015, 219 pages
L'erreur judiciaire : Apprendre à douter pour lutter contre les erreurs judiciaires (dir. Xavier Pin), novembre 2015, 119 pages
Fonctionnaires et droit pénal. Des justiciables comme les autres ? (dir. Marc Dalloz et Christine Courtin), septembre 2015, 226 pages
L'expertise non judiciaire à l'aune des droits fondamentaux, Thibault Goujon-Bethan, janvier 2015, 196 pages
Un art, un droit, une question – Triptyque juridico-artistique (dir. Diane Boustani, Dalida Chabri, Marion Combe, Sarah Farhi, Marie-Cécile Lasserre), octobre 2014, 210 pages
Le paiement (dir. Marc Mignot et Jérôme Lasserre Capdeville), juillet 2014, 298 pages
Le vice de procédure. Réflexions désordonnées d'un artisan du droit sur l'article 2241, alinéa 2 du Code civil, Denys Mas, juin 2014, 137 pages
Le droit de l'exécution des peines. Espoirs ou désillusion ? (dir. Fabienne Ghelfi), juin 2014, 153 pages
Variations juridiques et politiques. Clés pour la compréhension du monde contemporain (dir. Yves Strickler), novembre 2013, 354 pages
Les infractions de harcèlement, Sylvana Paradiso, octobre 2013, 94 pages
Volonté et biens (dir. Yves Strickler et Fabrice Siiriainen), juillet 2013, 352 pages
La réforme de la garde à vue (dir. Christine Courtin), janvier 2013, 124 pages
L'arbitrage, questions contemporaines (dir. Yves Strickler et Jean-Baptiste Racine), juillet 2012, 224 pages
Le prix de la rupture. Au cœur des contentieux familiaux (dir. Laetitia Antonini-Cochin et Christine Courtin), mars 2012, 112 pages

Responsables scientifiques
Natalie FRICERO et Marie-Cécile LASSERRE

Textes réunis par
Natalie FRICERO et Marie-Cécile LASSERRE

Nouvelles procédures civiles, nouvelles pratiques professionnelles ?

Bilan et perspectives

L'Harmattan

5-7, rue de l'École-Polytechnique, 75005 Paris
http://www.editions-harmattan.fr
ISBN : 978-2-343-19797-5
EAN : 9782343197975

Responsables scientifiques

Natalie FRICERO
Marie-Cécile LASSERRE

Avertissement, les contributions du présent ouvrage sont tirées du colloque *Nouvelles procédures civiles, nouvelles pratiques professionnelles* qui s'est déroulé à Nice, le 25 octobre 2019. C'est pourquoi, les interventions se réfèrent au projet de décret réformant la procédure civile. Le décret réformant la procédure civile a été publié au *Journal officiel de la République française* le 12 décembre 2019 ; ses dispositions, ainsi que celles du décret du 20 décembre 2019, pertinentes pour le présent ouvrage, ont été reproduites en annexe.

Auteurs (ordre alphabétique) :

Laetitia ANTONINI-COCHIN, Maître de conférences HDR, Université Côte d'Azur, Directrice du Master 2 droit des responsabilités, Directrice adjointe du CERDP (E.A n° 1201), codirectrice de l'IEJ de Nice

Corinne BLÉRY, Professeure des Universités, Polytechnique Hauts-de-France

Ludovic CHIVARD, Greffier au Tribunal de grande instance de Grasse

Sophie DRUFFIN-BRICCA, Maître de conférences HDR, Université Côte d'Azur, Directrice du département de droit privé

Natalie FRICERO, Professeure des Universités, Université Côte d'Azur, membre du CERDP (E.A n° 1201), Directrice de l'IEJ de Nice, Directrice du Master 2 Gestion des Contentieux, Membre du Conseil Supérieur de la Magistrature, Présidente de la Commission Nationale d'Examen d'accès au CRFPA

Christian GUYON, Expert de justice, Ancien Président de l'UCEJAM

Michaël JANAS, Président du Tribunal de grande instance de Grasse – au 1er janvier 2020, Président du Tribunal judiciaire de Grasse

Marc JEAN-TALON, Président du Tribunal de grande instance de Nice

Marie-Cécile LASSERRE, Maître de conférences, Université Côte d'Azur, membre du CERDP (E.A n° 1201)

Pierre MALICET, Administrateur UCECAAP, Référent national du CNCEJ pour le déploiement d'OPALEXE

Patricia MANNARINI-SEURT, Expert de justice

Roland RODRIGUEZ, Avocat au Barreau de Grasse, Bâtonnier de l'Ordre, Ancien vice-Président du Conseil National des Barreaux

François TALON, Expert de justice et médiateur, Président de l'UCEJAM

Thierry TROIN, Avocat au barreau de Nice, Bâtonnier de l'Ordre

Sommaire

PREMIÈRE PARTIE

IMPACT DE LA RÉFORME SUR L'ORGANISATION ET LE FONCTIONNEMENT DU PROCÈS CIVIL

LE NOUVEAU RÉSEAU JUDICIAIRE

Marc Jean-Talon
Président du TGI de Nice

La réforme procédurale de 2019 découle de deux lois du 23 mars 2019 : la loi organique relative au renforcement de l'organisation des juridictions et la loi de programmation 2018 – 2022 et de réforme pour la justice dite LPJ, déclinées par de nombreux décrets, déjà publiés ou à venir.

Ces deux lois entendent réformer en profondeur l'organisation et le fonctionnement de la justice civile, mais aussi pénale et administrative. Et l'on doit constater que les domaines affectés sont nombreux et importants. Afin de préciser l'impact de la réforme sur l'organisation et le fonctionnement du procès civil, sont successivement abordés les mobiles de la réforme (I), son contenu (II) et l'application de la réforme (III).

I. Les mobiles de la réforme

La réforme s'appuie sur les conclusions des chantiers de la justice lancés en 2017, qui avaient réclamé une justice plus lisible, plus accessible, plus rapide et efficace. Il s'agit spécialement des trois domaines dans lesquels l'amélioration est nécessaire. En d'autres termes, les mobiles de la réforme de 2019 reposent sur des exigences de cohérence du tissu judiciaire (A), de proximité (B) et de spécialisation (C).

A. LA COHÉRENCE DU TISSU JUDICIAIRE

Il a été souhaité une importante réforme de la carte judiciaire, comprenant la mise en cohérence territoriale des cours d'appel avec la carte administrative et l'institution d'un tribunal départemental. La réforme de la carte judiciaire portée par Mme DATI à la fin des années 2000 a toutefois marqué les esprits et une réforme vigoureuse à cet égard n'apparaissait pas politiquement acceptable. En ce qui concerne les cours d'appel, la réforme est particulièrement prudente et n'évoque qu'une expérimentation de la spécialisation de certaines cours d'appel. La réforme est ainsi restée dans les limites de l'arrondissement de chaque tribunal de grande instance et aucun site judiciaire n'est supprimé.

B. LA PROXIMITÉ

La justice doit rester accessible, en particulier à nos concitoyens les plus vulnérables. Et pour cela le maintien d'un réseau judiciaire de proximité est indispensable (ex. SAUJ[1]).

C. LA SPÉCIALISATION

Le traitement de contentieux complexes ou peu fréquents nécessite des professionnels, magistrats et avocats spécialisés, ce qui ne peut être le cas dans des juridictions ayant un effectif réduit.

Par ailleurs s'est imposé comme objectif important l'amélioration de la prévisibilité de la solution des litiges, et donc la diffusion et la maîtrise de la jurisprudence au niveau des cours d'appel et des tribunaux, ce qu'une certaine spécialisation des magistrats favorise.

II. Le contenu de la réforme

Au regard des objectifs fixés, la réforme est modeste et complexe. Concernant son volet relatif au nouveau réseau judiciaire, la majorité des dispositions de la réforme entre en vigueur au 1er janvier 2020.

La réforme de la procédure crée un nouveau réseau judiciaire en créant une nouvelle juridiction, le tribunal judiciaire (A), et un nouveau juge, le juge des contentieux de la protection (B). Cette nouvelle organisation impacte les règles de compétence. À cet égard,

---

[1] V. dans cet ouvrage, L. CHIVARD, « Le projet PORTALIS et le service d'accueil unique du justiciable », *infra*.

un double phénomène doit être observé celui de la spécialisation et du transfert de compétence (C).

A. LE TRIBUNAL JUDICIAIRE

La réforme procédurale de 2019 prévoit la fusion des tribunaux de grande instance et des tribunaux d'instance dans une entité nouvelle, le tribunal judiciaire, à laquelle sont de plus rattachés les greffes des conseils de prud'hommes.

Dans ce nouveau réseau judiciaire, une distinction est à opérer selon le lieu.

Au chef-lieu de l'arrondissement judiciaire, l'absorption est complète. Il demeure une seule juridiction qui hérite des compétences du TGI et des compétences spéciales du TI. Il est précisé que le tribunal judiciaire statue à juge unique sur contentieux relevant auparavant du TI.

Lorsque le tribunal d'instance se trouve dans une commune différente de celle du tribunal judiciaire, il est créé une chambre de proximité, également appelée tribunal de proximité. Il s'agit d'un démembrement du tribunal judiciaire. Ces chambres sont exclusivement compétentes pour traiter le contentieux auparavant dévolu au tribunal d'instance, spécialement les actions mobilières et personnelles portant sur une valeur d'au plus 10.000 euros, mais également le bornage, les conditions des funérailles, etc[2].

B. LA CRÉATION DU JUGE DES CONTENTIEUX DE LA PROTECTION

Afin de compenser la perte du juge d'instance, qui exerce une mission de proximité essentielle, le législateur le juge des contentieux de la protection, nommé dans chaque tribunal judiciaire et dans chaque tribunal de proximité[3]. Il dispose d'une compétence exclusive en matière de baux d'habitation, de crédit à la consommation, d'incidents

[2] COJ, art D. 212-19-1.

[3] COJ, art. L. 213-4-1 et s.

de paiement, de surendettement et de protection des majeurs (il est juge des tutelles). Le projet de décret en préparation prévoit de lui donner compétence pour statuer en référé.

C. LA SPÉCIALISATION ET LES TRANSFERTS DE COMPÉTENCE

La réforme prévoit deux mécanismes qui peuvent redéfinir les règles de compétences juridictionnelles, il s'agit de la spécialisation (1) et du transfert de compétence (2).

1) La spécialisation

Il est désormais possible de spécialiser certains tribunaux judiciaires d'un même département, et même, dans certains cas, de départements limitrophes. Ce phénomène de spécialisation est prévu aux articles L. 211-9-3 et R. 211-4 du code de l'organisation judiciaire.

Concernant le domaine de la spécialisation, il avait été initialement envisagé que ces spécialisations n'interviennent que dans des domaines réduits, particulièrement techniques. Les textes ont retenu une acception plus large : loyers commerciaux, responsabilité médicale, construction immobilière, copropriété ..., et en matière pénale les délits et contraventions prévus par les codes spécialisés (travail, sécurité sociale, environnement, urbanisme ...). Les domaines susceptibles de spécialisation ne sont ainsi pas négligeables.

La spécialisation nécessite un décret sur proposition du premier président de la cour d'appel et du procureur général, en identifiant les spécificités territoriales, après avis des chefs de juridiction et consultation des conseils de juridiction concernés » (conseils spécifiques dans lesquels les bâtonniers sont présents).

2) Le transfert de compétence

Conformément aux dispositions de l'article L. 212-8 du code de l'organisation judiciaire, les chambres de proximité peuvent se voir attribuer, dans les limites de leur ressort, des compétences matérielles supplémentaires.

Le domaine concernant le transfert de compétence est large. Le transfert peut porter sur les contentieux de la compétence du tribunal judiciaire.

Le transfert de compétences est subordonné à une décision conjointe du premier président de la cour d'appel et du procureur général près cette cour, après avis des chefs de juridiction et consultation du conseil de juridiction concernés. La décision portant attribution de compétences supplémentaires aux chambres de proximité est publiée au Bulletin officiel du ministère de la justice et sur le site internet www.justice.fr.

À noter également qu'au 1er janvier 2020, seul le président du tribunal judiciaire aura compétence pour traiter les injonctions de payer. Ensuite, au plus tard au 1er janvier 2021, le président du tribunal judiciaire perdra cette compétence au profit d'une juridiction nationale dématérialisée.

III. L'application de la réforme

Actuellement à l'orée de la réforme de la procédure civile, il convient d'attendre pour connaître les choix des opérateurs locaux (A) qui sont potentiellement source de complexité en raison de l'hétérogénéité du nouveau réseau judiciaire (B). Et en l'attente de la publication des décrets d'application réformant la procédure, des questions demeurent en suspens (C).

A. L'ADAPTATION AUX SITUATIONS LOCALES

La variété et l'importance des matières concernées par la spécialisation et le transfert de compétences permettent d'envisager une adaptation fine aux circonstances locales : taille respective des tribunaux judiciaires d'un même département, présence ou non de chambres de proximité, taille de ces chambres, considérations géographiques et socio-économiques …

B. L'HÉTÉROGÉNÉITÉ DU NOUVEAU RÉSEAU JUDICIAIRE

L'adaptation aux situations locales complexifie nécessairement l'organisation des juridictions et la détermination de la juridiction compétente pour les professionnels de la justice comme les justiciables.

On peut imaginer que dans un département comme les Alpes-Maritimes, qui comprend quatre chambres de proximité, chaque chambre dispose de compétences différentes transférées par le tribunal judiciaire : pour l'un le suivi des tutelles des mineurs, pour l'autre les affaires familiales, pour un troisième le tribunal de police, pour le quatrième le service de l'exécution. La lisibilité recherchée en pâtirait.

C. LES QUESTIONS EN SUSPENS

L'organisation interne des tribunaux judiciaires dépend de la procédure appliquée à ses différents services : peuvent être réunis les services qui ont un fonctionnement identique ou au moins similaire, en ce qui concerne les modes de saisine (assignation, déclaration au greffe ou autres modes), les modes de comparution ou de représentation (représentation obligatoire ou non), voire une gestion par les mêmes applications informatiques.
Or si certaines questions sont d'ores et déjà réglées, les incertitudes demeurent à cet égard, dans l'attente de la publication des décrets d'application réformant la procédure.

LES RÉFORMES PROCÉDURALES GÉNÉRALES : VERS UN NOUVEAU PROCÈS CIVIL ?

Natalie FRICERO,
Professeure à l'Université de Nice- Côte d'Azur
Directrice de l'Institut d'Études Judiciaires
Présidente de la Commission nationale d'examen d'accès au CRFPA
Membre du Conseil supérieur de la magistrature

Introduction

Avant de prendre la parole en ma qualité d'intervenante, je voudrais remercier, en mon nom et au nom de Marie Cécile Lasserre, ma collègue coorganisatrice du colloque, tous ceux qui nous ont aidés à mettre en place cette journée tournée vers l'avenir du procès civil. Remercier nos partenaires privilégiés, à savoir l'Union des compagnies d'experts des Alpes-Maritimes, le Barreau de Nice, le Barreau de Grasse qui nous ont apporté une aide scientifique et matérielle qui nous est précieuse. Remercier tous les intervenants, les chefs de juridiction, les magistrats et les directeurs de greffes et les membres des greffes, les Bâtonniers et les avocats, les experts judiciaires, sans oublier les représentants de l'UCECAAP et du Conseil national des compagnies d'experts de justice (CNCEJ), ainsi que les universitaires, qui vont nous éclairer sur le sens des réformes ! Remercier le CERDP, dont le rôle d'appui est essentiel, avec une mention spéciale pour sa secrétaire, madame Goiran, sans oublier toute l'équipe des doctorants très actifs pour la mise en place du colloque, ainsi que son directeur, le professeur Mathias Latina, qui soutient activement tous les projets. Je terminerai par une attention particulière à notre collègue Magali Boucaron, qui regrette fort de ne pouvoir participer à notre colloque aujourd'hui. Nous avons convenu que j'intègrerai la problématique des modes amiables dans ma présentation.

L'année 2020 sera certainement l'année d'une procédure civile rénovée, et même, sous certains aspects, d'une procédure civile disruptive ! Les autorités publiques ont eu pour objectif d'insuffler une nouvelle dynamique à l'organisation de la justice civile, et de prendre en compte le tsunami de la numérisation auquel aucune relation humaine ne peut plus échapper. Face à ces bouleversements, tous les acteurs concernés, les justiciables, les magistrats, les greffiers, les auxiliaires de justice et les experts judiciaires évoluent en "zone de panique" avec le sentiment de vivre en permanence sur des sables mouvants. Ce colloque permettra sans doute de retrouver une "zone de confort", chacun exerçant sa capacité à conserver son équilibre de fonctionnement en dépit des contraintes qui lui sont extérieures[4] !

Pour mieux appréhender ces réformes, il est opportun de suivre un plan en 3 parties, en fonction des objectifs poursuivis par le législateur :

I. Premier objectif : La rationalisation de la gestion des ressources humaines et matérielles et une nouvelle dynamique pour le fonctionnement de l'institution.
II. Deuxième objectif : la transformation numérique de la procédure civile et le renforcement du rôle des avocats
III. Troisième objectif : le recentrage de la justice sur ses missions premières, à savoir, trancher les litiges et protéger les citoyens

I. Une nouvelle dynamique par la rationalisation de la gestion des ressources

Pour réaliser cet objectif, on peut déceler plusieurs axes d'importance variable.

---

[4] Définition de l'homéostasie élaborée par Claude Bernard, physiologiste français, en 1865, dans son Introduction à l'étude de la médecine expérimentale, qui relève que la frénésie du changement est telle que le dégel est permanent, empêchant à nouveau tout processus de gel, indispensable à la nouvelle stabilisation). Le terme « homéostasie » a été forgé par Walter Bradford Cannon (1871-1945) à partir de deux mots grecs : *stasis* (« état, position ») et *homoios* (« égal, semblable à »). Dans *The Wisdom of the Body* il définit la stabilisation des états qui permettent les processus biologiques de la vie face aux changements de l'environnement.

A. LE RÈGLEMENT SIMPLIFIÉ DES EXCEPTIONS D'INCOMPÉTENCE AU SEIN DU TRIBUNAL JUDICIAIRE

La modification du réseau judiciaire réalisée par la suppression des tribunaux d'instance et la création des chambres de proximité (dénommées tribunaux de proximité), ainsi que l'institution d'un juge chargé des contentieux de la protection (JCP) dont les compétences sont exclusives, selon les articles L. 213-4-1 et suivant du COJ, par la spécialisation des tribunaux judiciaires (COJ, art. L. 211-9-1) et les ajouts de compétence aux tribunaux de proximité (COJ, art. L. 212-8) ne rendra pas toujours aisé l'accès au juge, et des erreurs pourront être commises. Elles génèreront des incidents de compétence, qui constituent incontestablement une source de complexification. Pour éviter de ralentir le déroulement de l'instance, il est prévu à l'article 82-1 du CPC[5] : « *Par dérogation aux dispositions de la présente sous-section, les questions de compétence au sein d'un tribunal judiciaire peuvent être réglées avant la première audience par mention au dossier, à la demande des parties ou d'office par le juge, si ce dernier estime pouvoir trancher la question de sa compétence sans statuer au fond. Les parties ou leurs avocats en sont avisés sans délai par tout moyen conférant date certaine.*
Si la compétence du juge ou de la juridiction à qui l'affaire a été ainsi renvoyée n'a pas été remise en cause par le juge ou une partie dans un délai de trois mois, elle ne peut plus l'être ni par ce juge, ni par les parties, ni par la voie d'un recours. Dans le cas contraire, ce juge, d'office ou à la demande d'une partie, renvoie l'affaire par simple mention au dossier au président du tribunal judiciaire qui renvoie l'affaire au juge ou à la juridiction qu'il désigne. Sa décision n'est susceptible de recours qu'à l'occasion du recours formé contre la décision statuant sur l'instance ».

On observe que l'incident de compétence fait l'objet d'un règlement interne efficace et rapide, et non d'une exception d'incompétence soumise à recours. Mais ce règlement est limité aux questions de compétence internes au tribunal judiciaire (TJ), et suppose qu'aucune question de fond ne doive être tranchée. Le droit commun de l'exception d'incompétence retrouve à s'appliquer si le juge

---

[5] Les numéros des articles du CPC indiqués dans le texte sont les nouveaux n° tels que figurant dans le projet de décret diffusé par la Ministère de la Justice.

compétent se situe hors du champ du tribunal judiciaire ou si une autre juridiction (tribunal de commerce par exemple) est compétente, ou si une question de fond doit être tranchée pour décider de la juridiction compétente.

B. LES FORMATIONS À JUGE UNIQUE

Le développement des formations à juge unique auquel on assiste depuis de nombreuses années est fondé sur la volonté d'améliorer la gestion des flux judiciaires, mais également de spécialiser certaines juges dans des contentieux spécifiques. Deux exemples peuvent être envisagés dans le cadre de la réforme.

1) La création du juge des contentieux de la protection

Le COJ modifié par la loi du 23 mars 2019 et précisé par le décret n°2019-212 du 30 août 2019, précise qu'au sein du tribunal judiciaire, un ou plusieurs JCP se voient attribuer une compétence exclusive et définie limitativement.

-D'abord, le juge des contentieux de la protection exerce les fonctions de juge des mesures de protection des majeurs. Il connaît de la sauvegarde de justice, de la curatelle, de la tutelle des majeurs et de la mesure d'accompagnement judiciaire ; des actions relatives à l'exercice du mandat de protection future ; des demandes formées par un époux, lorsque son conjoint est hors d'état de manifester sa volonté, aux fins d'être autorisé à passer seul un acte pour lequel le concours ou le consentement de ce dernier serait nécessaire, ou aux fins d'être habilité à le représenter ; de la constatation de la présomption d'absence ; enfin des demandes de désignation d'une personne habilitée et des actions relatives à l'habilitation familiale prévue à la section 6 du chapitre II du titre XI du livre Ier du Code civil (art. L. 213-4-2 COJ).

-Ensuite, le juge des contentieux de la protection connaît des actions tendant à l'expulsion des personnes qui occupent aux fins d'habitation des immeubles bâtis sans droit ni titre (L. 213-4-3 COJ ; il statue à charge d'appel, art. R. 213-9-3 COJ).

-Le juge des contentieux de la protection connaît aussi des actions dont un contrat de louage d'immeubles à usage d'habitation ou un contrat portant sur l'occupation d'un logement est l'objet, la cause ou l'occasion ainsi que des actions relatives à l'application de la loi n°48-1360 du 1er septembre 1948 portant modification et codification de la législation relative aux rapports des bailleurs et locataires ou occupants de locaux d'habitation ou à usage professionnel et instituant des allocations de logement (COJ, art. L. 213-4-4).

Il faut prêter attention au fait que dans les cas prévus aux articles L. 213-4-3 et L. 213-4-4, le juge des contentieux de la protection territorialement compétent est celui du lieu où sont situés les biens (COJ, art. R. 213-9-7).

-Le juge des contentieux de la protection connaît également des actions relatives à l'application du chapitre II du titre Ier du livre III du code de la consommation (COJ, art. L. 213-4-5).

-Le juge des contentieux de la protection connaît en outre des actions relatives à l'inscription et à la radiation sur le fichier national recensant les informations sur les incidents de paiement caractérisés liés aux crédits accordés aux personnes physiques pour des besoins non professionnels prévus à l'article L. 751-1 du code de la consommation (COJ, art. L. 213-4-6). Dans ce cas, le juge des contentieux de la protection territorialement compétent est celui du lieu où est situé le domicile du débiteur (COJ, art. R. 213-9-8).
On doit noter que le juge des contentieux de la protection connaît, en dernier ressort jusqu'à la valeur de 5 000 euros, et à charge d'appel lorsque la demande excède cette somme ou est indéterminée, des actions énumérées aux articles L. 213-4-4, L. 213-4-5 et L. 213-4-6 (COPJ, art. R. 213-9-4).

-Enfin, le juge des contentieux de la protection connaît des mesures de traitement des situations de surendettement des particuliers et de la procédure de rétablissement personnel (COJ, art. L. 213-4-7).

Le JCP statue à juge unique, mais il peut renvoyer à une formation collégiale du tribunal judiciaire qui statue comme juge des contentieux de la protection. La formation collégiale comprend le juge qui a ordonné le renvoi (COJ, art. L. 213-4-8).

2) La possibilité pour les formations collégiales du tribunal judiciaire de statuer à juge unique

D'abord, le tribunal judiciaire peut statuer à juge unique. L'article L. 212-2 du COJ rappelle qu'une affaire, compte tenu de l'objet du litige ou de la nature des questions à juger, peut être portée devant le tribunal judiciaire statuant à juge unique (CPC, art. 812 et s.). Néanmoins, le renvoi à la formation collégiale peut être décidé, d'office par le président ou à la demande de l'une des parties, formé à peine de forclusion dans les 15 jours de l'avis envoyé aux avocats ou aux parties. Cette décision constitue une mesure d'administration judiciaire qui n'est pas susceptible de recours. L'article L. 212-1 du COJ (issu de la loi du 23 mars 2019) limite cette faculté puisque dans « *les matières disciplinaires ou relatives à l'état des personnes, sous réserve des dispositions particulières aux matières de la compétence du juge aux affaires familiales et du juge des contentieux de la protection mentionné à l'article L. 213-4-1, le tribunal judiciaire ne peut statuer à juge unique* ».

Ensuite, le juge de la mise en état se voit confier le pouvoir de statuer sur les fins de non-recevoir. Lorsque la demande est présentée postérieurement à sa désignation, le juge de la mise en état, à juge unique ou en formation collégiale le cas échéant est, jusqu'à son dessaisissement, seul compétent, à l'exclusion de toute autre formation du tribunal, pour statuer sur les exceptions de procédure, les demandes formées en application de l'article 47, les incidents mettant fin à l'instance et les fins de non-recevoir (CPC, art. 789). Cette disposition appelle la vigilance des parties et de leurs avocats : en effet, les parties ne sont plus recevables à soulever ces exceptions, fins de non-recevoir et incidents ultérieurement à moins qu'ils ne surviennent ou soient révélés postérieurement au dessaisissement du juge. Il est indispensable d'analyser le dossier à l'aune des incidents de procédure durant la mise en état, sans oublier les fins de non-recevoir, à peine d'être déclaré irrecevable ultérieurement. Seul le juge pourra, ou devra, relever les fins de non-recevoir dans les conditions prévues à l'article 125 CPC.
Lorsque la fin de non-recevoir suppose que soit tranchée au préalable une question de fond, le juge de la mise en état renvoie l'examen de cette fin de non-recevoir devant la formation collégiale de mise en état de la chambre à une audience dont il fixe la date, par une décision

insusceptible de recours. Les dispositions de l'article 805 du CPC sont applicables (le JME peut, si les avocats ne s'y opposent pas, tenir seul l'audience pour entendre les plaidoiries et en rendre compte à la formation collégiale en son délibéré).
Si les deux parties en sont d'accord, le juge de la mise en état peut cependant statuer seul sur cette fin de non-recevoir. Dans les deux cas, la juridiction de mise en état ou le JME doit, dans le dispositif de l'ordonnance, statuer sur cette question de fond et sur la fin de non-recevoir par des dispositions distinctes. La décision a autorité de chose jugée sur cette question de fond. Elle est susceptible d'appel conformément à l'article 795 du CPC.

C. LES TRANSFERTS DE COMPÉTENCE À LA CAISSE DES DÉPÔTS ET CONSIGNATIONS

L'article 13 de la loi du 23 mars 2019 [6] précise que, par ordonnance intervenant au plus tard dans les 12 mois de la promulgation de la loi, il sera possible de transférer à la Caisse des dépôts et consignations la charge de :

---

[6] I. – Dans les conditions prévues à l'article 38 de la Constitution, aux fins d'améliorer le traitement des procédures concernées et la gestion des fonds en la matière, le Gouvernement est autorisé à prendre par voie d'ordonnance, dans un délai de douze mois à compter de la publication de la présente loi, les mesures relevant du domaine de la loi nécessaires pour : 1o Transférer à la Caisse des dépôts et consignations la charge de : *a)* Recevoir, gérer et répartir dans les meilleurs délais, en cas de pluralité de créanciers saisissants, les sommes versées par le tiers saisi au titre des saisies des rémunérations du travail effectuées en application des articles L. 3252-1 à L. 3252-13 du code du travail et restituer au débiteur l'éventuel trop-perçu ; à ces fins, imposer au tiers saisi de verser les sommes saisies par virement ; *b)* Recevoir des parties au litige les sommes dont le tribunal judiciaire ou la cour d'appel ont ordonné la consignation au titre d'une expertise et procéder sur autorisation du juge au versement de sommes dues à l'expert ainsi qu'à la restitution des sommes qui auraient été consignées en excédent ; à cette fin, prévoir que la consignation des sommes dues doit être effectuée par virement ou au moyen d'une carte de paiement ; 2o Déterminer, le cas échéant, les conditions dans lesquelles les prestations mentionnées au 1o sont rémunérées ; 3o Instaurer, entre le greffe et la Caisse des dépôts et consignations, la transmission par voie électronique des informations nécessaires à l'accomplissement des attributions prévues au 1o. II. Un projet de loi de ratification est déposé devant le Parlement dans un délai de quatre mois à compter de la publication des ordonnances prises en application du I.

a) Recevoir, gérer et répartir dans les meilleurs délais, en cas de pluralité de créanciers saisissants, les sommes versées par le tiers saisi au titre des saisies des rémunérations du travail effectuées en application des articles L. 3252-1 à L. 3252-13 du Code du travail et restituer au débiteur l'éventuel trop-perçu ; à ces fins, imposer au tiers saisi de verser les sommes saisies par virement (à cet égard il est prévu que le JEX devient compétent pour les saisies des rémunérations à partir du 1er janvier 2020, art. L. 213-6 COJ) ;

b) Recevoir des parties au litige les sommes dont le tribunal judiciaire ou la cour d'appel ont ordonné la consignation au titre d'une expertise et procéder sur autorisation du juge au versement de sommes dues à l'expert ainsi qu'à la restitution des sommes qui auraient été consignées en excédent ; à cette fin, prévoir que la consignation des sommes dues doit être effectuée par virement ou au moyen d'une carte de paiement.

II. La transformation numérique de la procédure civile et le renforcement corrélatif du rôle des avocats

A. L'EXTENSION RAISONNÉE DE LA REPRÉSENTATION OBLIGATOIRE PAR AVOCAT

L'article 5 de la loi du 23 mars 2019 réécrit le principe et les exceptions à la représentation par avocat. L'idée générale est que l'avocat doit retrouver tout son rôle d'auxiliaire de justice qui aide à la qualité de la justice, ce qui explique que dans les contentieux complexes, la représentation doit être imposée. En outre, la numérisation des procédures dépend du recours au RPVA, que les avocats maîtrisent.

C'est ainsi que le I de l'article 2 de la loi n° 2007-1787 du 20 décembre 2007 relative à la simplification du droit est modifié. Par dérogation au premier alinéa de l'article 4 de la loi n° 71-1130 du 31 décembre 1971 portant réforme de certaines professions judiciaires et juridiques, dans certaines matières, en raison de leur nature, ou en considération de la valeur du litige, les parties peuvent se défendre elles-mêmes ou se faire assister ou représenter devant le tribunal de grande instance, outre par un avocat, par leur conjoint ; leur concubin ou la personne avec laquelle elles ont conclu un pacte civil de solidarité ; leurs parents ou alliés en ligne directe ; leurs parents ou alliés en ligne collatérale jusqu'au troisième degré inclus ; les personnes exclusivement attachées à leur service personnel ou à leur entreprise. Sous réserve des dispositions particulières, l'Etat, les régions, les départements, les communes et les établissements publics peuvent se faire représenter ou assister par un fonctionnaire ou un agent de leur administration. Le représentant, s'il n'est pas avocat, doit justifier d'un pouvoir spécial.

Le CPC et les autres codes précisent les cas dans lesquels la représentation est imposée, et les exceptions. Par exemple, la représentation est obligatoire devant le JEX (CPC exéc., art. L. 121-4), sauf exception, comme en matière d'expulsion, ou pour la demande portant sur une valeur inférieure ou égale à 10000 euros (CPC exéc. art. R. 121-6 – le montant prévu au troisième alinéa de l'article L. 121-4 est fixé à 10 000 euros). De même, par dérogation au premier alinéa de l'article 4 de la loi n° 71-1130 du 31 décembre 1971 portant réforme de certaines professions judiciaires et juridiques, les parties peuvent se défendre elles-mêmes ou se faire assister ou représenter devant le conseil de prud'hommes, outre par un avocat, par les salariés ou les employeurs appartenant à la même branche d'activité ; les défenseurs syndicaux ; leur conjoint, leur partenaire lié par un pacte civil de solidarité ou leur concubin. L'employeur peut également se faire assister ou représenter par un membre de l'entreprise ou de l'établissement fondé de pouvoir ou habilité à cet effet. Le représentant, s'il n'est pas avocat, doit justifier d'un pouvoir spécial. Devant le bureau de conciliation et d'orientation, cet écrit doit l'autoriser à concilier au nom et pour le compte du mandant, et à prendre part aux mesures d'orientation (C. trav., art. L. 1453-1 A).

Le décret réformant la procédure étend les hypothèses de représentation obligatoire.

Devant le tribunal de commerce, les parties sont, sauf disposition contraire, tenues de constituer avocat (CPC, art. 853). La constitution de l'avocat emporte élection de domicile. Les parties sont dispensées de constituer avocat dans les cas prévus par la loi ou le règlement, lorsque la demande porte sur un montant inférieur ou égal à

10 000 euros, dans le cadre des procédures instituées par le livre VI du code de commerce ou pour les litiges relatifs à la tenue du registre du commerce et des sociétés. Le représentant, s'il n'est avocat, doit justifier d'un pouvoir spécial

En matière de baux commerciaux, devant le tribunal de commerce, les parties sont tenues de constituer avocat. Elles ne peuvent développer oralement à l'audience, que les moyens et conclusions de leurs mémoires (C. com., art. R. 145-29).

En matière de révision de la prestation compensatoire : en principe, devant le juge aux affaires familiales dans les procédures familiales hors divorce, les parties se défendent elles-mêmes ; elles ont la faculté de se faire assister ou représenter par un avocat. Mais, en matière de demande de révision de prestation compensatoire, les parties sont tenues de constituer avocat. Dans cette matière, l'instance est formée, instruite et jugée selon la procédure en matière écrite ordinaire applicable devant le tribunal judiciaire (CPC, art. 1139).

En matière de référé devant le tribunal judiciaire au-delà de 10 000 euros, la représentation par avocat est obligatoire

B. LA NUMÉRISATION DEVANT LES TRIBUNAUX JUDICIAIRES

Les avocats dans les procédures avec représentation obligatoire sont tenus, à peine d'irrecevabilité, de communiquer avec la juridiction par voie électronique (selon l'art. 850 CPC ; cette exigence est déjà en vigueur depuis le 1er septembre 2019). À peine d'irrecevabilité relevée d'office, en matière de procédure écrite ordinaire et de procédure à jour fixe, les actes de procédure à l'exception de la requête mentionnée à l'article 839 CPC (requête au président en vue d'être autorisé à assigner à jour fixe) sont remis à la juridiction par voie électronique. Les avis, avertissements ou convocations sont remis aux avocats des parties par voie électronique, sauf impossibilité pour cause étrangère à l'expéditeur.

Lorsqu'un acte ne peut être transmis par voie électronique pour une cause étrangère à celui qui l'accomplit, il est établi sur support papier et remis au greffe selon les modalités de l'article 769 ou lui est adressé par lettre recommandée avec demande d'avis de réception. Si l'acte est une simple requête ou une déclaration, il est remis ou adressé au greffe en autant d'exemplaires qu'il y a de destinataires, plus deux. Lorsque l'acte est adressé par voie postale, le greffe l'enregistre à la date figurant sur le cachet du bureau d'émission et adresse à l'expéditeur un récépissé par tout moyen. La jurisprudence dégagée à propos de l'application de l'article 930-1 du CPC en appel permet utilement de répondre aux questions soulevées, notamment en ce qui concerne la notion de « cause étrangère » qui permet à l'avocat de remettre un exemplaire de son acte sur support papier ou de l'envoyer par RAR au tribunal. On sait que la Cour de cassation adopte une définition restrictive (seul un dysfonctionnement du RPVA constitue une cause étrangère), mais qu'elle admet qu'une cause étrangère survenue à un moment quelconque du délai autorise la remise de l'acte sur support papier.

La création de la juridiction nationale digitale des injonctions de payer est envisagée à l'article L. 211-17 du COJ (issu de l'art. 27 loi du 23 mars 2019). Un tribunal judiciaire spécialement désigné, au plus tard le 1er janvier 2021 (par un futur décret) sera compétent pour toutes les IP civiles (non commerciales). Il statuera selon une procédure entièrement dématérialisée (COJ, art. L. 212-5-2). En revanche, l'opposition à IP sera jugée par le tribunal judiciaire de droit commun compétent, situé dans le ressort du domicile du débiteur (la procédure d'opposition pourra être entièrement dématérialisée, dans les cas prévus par la loi ; COJ, art. L. 212-5-2). La procédure d'opposition pourra être entièrement dématérialisée à l'initiative des parties lorsqu'elles en seront expressément d'accord. Dans ce cas, la procédure se déroulera sans audience. Toutefois, le tribunal pourra décider de tenir une audience s'il estime qu'il n'est pas possible de rendre une décision au regard des preuves écrites ou si l'une des parties en fait la demande. Le tribunal pourra, par décision spécialement motivée, rejeter cette demande s'il estime que, compte tenu des circonstances de l'espèce, une audience n'est pas nécessaire pour garantir le déroulement équitable de la procédure. Le refus de tenir une audience ne pourra être contesté indépendamment du jugement sur le fond.

Les procédures sans audience sont prévues à l'article L. 212-5-1 du COJ (loi du 23 mars 2019) devant le tribunal judiciaire, la procédure est exclusivement écrite à l'initiative des parties lorsqu'elles en sont expressément d'accord et qu'elles sollicitent une absence d'audience. Toutefois, le tribunal peut décider de tenir une audience s'il estime qu'il n'est pas possible de rendre une décision au regard des preuves écrites ou si l'une des parties en fait la demande. Cette initiative concerne les procédures écrites, mais également la procédure orale. Le demandeur indiquera dans son assignation s'il renonce à une audience. Lorsque les parties souhaitent bénéficier de la procédure sans audience en application des dispositions de l'article L. 212-5-1 du code de l'organisation judiciaire, le juge de la mise en état déclare l'instruction close dès que l'état de celle-ci le permet et autorise le dépôt des dossiers au greffe de la chambre à une date qu'il fixe. Le juge de la mise en état demeure saisi jusqu'à l'ouverture des débats ou jusqu'à la date fixée pour le dépôt des dossiers des avocats (art. 799 CPC)

C. LE NOUVEAU SCHÉMA PROCÉDURAL ET LE DÉVELOPPEMENT DE LA PROCÉDURE PARTICIPATIVE DE MISE EN ÉTAT

La réforme met en œuvre les préconisations du rapport Agostini-Molfessis sur la simplification de la procédure civile à plusieurs égards.

1) Les nouvelles modalités d'introduction de l'instance consacrent une unification des procédés de saisine des juridictions. La demande est formée par assignation ou par requête, unilatérale (réservée au contentieux JAF hors divorce, et au tribunal judiciaire lorsque la demande n'excède pas 5 000 euros) ou conjointe (le terme de déclaration est réservé à l'appel). Le tribunal est saisi par la remise de l'assignation signifiée ou de la requête au greffe.

À partir du 1er septembre 2020 (date d'entrée en vigueur de cette réforme), l'avocat (ou le justiciable dans les procédures orales sans représentation obligatoire) devra d'abord prendre une date auprès du greffe, il sera averti par tout moyen selon des modalités définies par un arrêté (par le biais du RPVA s'il est avocat). L'assignation mentionnera les lieu, jour et heure de l'audience (à peine de nullité) et la chambre saisie (l'avocat devrait être avisé du n° de rôle et de la chambre saisie) ; elle précisera le cas échéant l'accord du demandeur pour que la procédure se déroule sans audience (cela est possible même dans les procédures orales, art. 754 CPC).

Entre le 1er janvier 2010 et le 1er septembre 2020, seules les mentions de l'assignation sont modifiées, mais la prise de date préalable n'entre pas en application. C'est ainsi que l'assignation doit indiquer, à peine de nullité, la liste des pièces sur lesquelles la demande est fondée dans un bordereau qui lui est annexé. En revanche, la mention des diligences accomplies en vue d'une résolution amiable du litige a disparu (elle est remplacée par un pouvoir d'injonction général du juge, art. 22-1 al. 2 loi 8 février 1995, infra). La mention des diligences n'est requise que lorsque la tentative de conciliation, médiation ou procédure participative est exigée par la loi (art. 819 et 819- 1 CPC : lorsque la demande est inférieure ou égale à 5000 euros, ou qu'elle concerne certains litiges, voir la liste prévue à l'article 819 CPC).

2) Puis l'assignation est signifiée au défendeur en lui indiquant qu'il dispose de 15 jours pour constituer avocat (art. 762 CPC : le défendeur est tenu de constituer avocat dans le délai de quinze jours, à compter de l'assignation.)

3) Enfin, la copie de l'assignation signifiée est remise au greffe de la juridiction pour saisir le juge. L'article 755 CPC prévoit que cette remise devra être faite dans un double délai à compter du 1er septembre 2020 : la juridiction sera saisie, à la diligence de l'une ou l'autre partie, par la remise au greffe d'une copie de l'assignation, cette remise devant être faite au plus tard dans le délai de deux mois à compter de la communication de la date d'audience par la juridiction lorsque cette communication est faite par voie électronique. Dans tous les cas, la remise devra être effectuée au moins quinze jours avant la date de l'audience. À défaut, la juridiction ne sera pas saisie.

4) Les avocats sont convoqués à une « audience d'orientation » devant le président de la chambre saisie. Celui-ci confère de l'état de la cause avec les avocats présents qui lui indiquent s'ils concluent une convention de procédure participative aux fins de mise en état dans les

conditions du titre II du livre V. Ils l'informent du délai prévisible de mise en état de leur affaire (CPC, art. 776). Cette disposition, qui prévoit une orientation vers une procédure participative de mise en état, est applicable en principe dès le 1er janvier 2020 : elle permet aux avocats qui le souhaitent de maîtriser les délais de la mise en état et les actes d'instruction. En effet, les avocats peuvent fixer les délais dans lesquels ils se communiquent les pièces et conclusions. Ils peuvent également diligenter diverses mesures d'instruction. À cet égard, l'article 1546-3 du CPC liste les actes d'avocats envisageables, pour :
-recourir à un technicien selon les modalités des articles 1547 et suivants ou
-consigner les déclarations de toute personne acceptant de fournir son témoignage sur les faits auxquels il a assisté ou qu'il a personnellement constatés, recueillies ensemble par les avocats, spontanément ou sur leur interrogation. L'acte contient les mentions prévues à l'article 202 alinéa 2 du CPC. Le témoin fait précéder sa signature de la mention prévue à l'alinéa 3 du même article ; ou encore
-consigner les constatations ou avis donnés par un technicien recueillis ensemble par les avocats.
Notons que l'acte de procédure contresigné par avocat est établi conjointement par les avocats des parties à un litige ayant ou non donné lieu à la saisine d'une juridiction peut être établi en dehors ou dans le cadre d'une procédure participative (par ex. il peut y avoir dans une mise en état judiciaire un seul acte contresigné par avocats de procédure pour désigner un technicien).

Si les parties et leurs avocats ont conclu une convention de procédure participative aux fins de mise en état de l'affaire et qu'ils en justifient, le président peut, à la demande des parties, fixer la date de l'audience à laquelle sera ordonnée la clôture et de plaidoirie. À défaut, le juge ordonne le retrait du rôle.

Les effets de la convention de procédure participative de mise en état sont précisés.
D'abord, la signature d'une convention de procédure participative de mise en état vaut renonciation de chaque partie à se prévaloir d'une fin de non-recevoir, de toute exception de procédure et des dispositions de l'article 47 du CPC, à l'exception de celles qui doivent être soulevées d'office par le juge ou qui apparaîtraient postérieurement à

la signature de la convention de procédure participative. Ensuite, pour signer la convention, les parties peuvent réclamer un délai supplémentaire au président du tribunal (art. 779 CPC). Les parties peuvent conclure une procédure participative de mise en état, à tout moment de l'instance ; elles en informent le juge. Sauf en cas de retrait du rôle, le président désigne le juge de la mise en état. À défaut de conclusion d'une convention de procédure participative, le président renvoie l'affaire à l'audience si elle a été mise en état dans les délais impartis ou si l'un des avocats le demande, ou bien à la mise en état judiciaire traditionnelle (art. 779 CPC).

À l'issue de la mise en état participative, lorsque la phase conventionnelle a permis de mettre l'affaire en état d'être jugée, mais que le litige persiste en totalité sur le fond, la demande de rétablissement est accompagnée d'un acte d'avocats établi conformément à l'article 1374 du Code civil, formalisant les prétentions respectives des parties, accompagnées des moyens en fait et en droit, avec l'indication pour chaque prétention des pièces invoquées (art. 1564-4 CPC). Pour éviter les stratégies dilatoires de l'un des avocats, si la phase conventionnelle n'a pas permis de mettre l'affaire en état d'être jugée, en tout ou partie, l'affaire est rétablie à la demande de la partie la plus diligente, pour être mise en état, conformément aux règles de procédure applicables devant ce juge (art. 1564-5 CPC). Si un accord total ou partiel était signé durant la mise en état participative, les parties pourraient en demander l'homologation.

III. Le recentrage de la justice sur ses missions premières : trancher les litiges et protéger les citoyens

Le développement des modes extrajudiciaires des litiges est un des objectifs poursuivis par les autorités publiques depuis de nombreuses années. Les réformes actuelles tentent de donner un nouvel élan à ces processus.

A. LES NOUVELLES TENTATIVES PRÉALABLES À PEINE D'IRRECEVABILITÉ DE LA DEMANDE

L'article 3 de la loi du 23 mars 2019 modifie l'article 4 de la loi n° 2016-1547 du 18 nov. 2016 (dite J 21 non codifiée), pour ajouter une cause d'irrecevabilité de certaines demandes à défaut de tentative préalable de résolution amiable. Lorsque la demande tend au paiement d'une somme n'excédant pas un certain montant (lequel est fixé à 5000 euros par le décret projeté) ou est relative à un conflit de voisinage, la saisine du tribunal de grande instance doit, à peine d'irrecevabilité que le juge peut prononcer d'office, être précédée, au choix des parties, d'une tentative de conciliation menée par un conciliateur de justice, d'une tentative de médiation, telle que définie à l'article 21 de la loi n° 95-125 du 8 février 1995 relative à l'organisation des juridictions et à la procédure civile, pénale et administrative, ou d'une tentative de procédure participative.

Le décret projeté définit la notion de « conflit de voisinage », en limitant la tentative amiable aux actions en bornage ; relatives à la distance prescrite par la loi, les règlements particuliers et l'usage des lieux pour les plantations ou l'élagage d'arbres ou de haies ; relatives aux constructions et travaux mentionnés à l'article 674 du Code civil ; relatives au curage des fossés et canaux servant à l'irrigation des propriétés ou au mouvement des usines et moulins à l'établissement ; relatives à l'établissement et à l'exercice des servitudes instituées par les articles L. 152-14 à L. 152-23 du code rural et de la pêche maritime, 640 et 641 du Code civil; ou enfin relatives aux servitudes établies au profit des associations syndicales prévues par l'ordonnance n° 2004-632 du 1er juillet 2004 relative aux associations syndicales de propriétaires (CPC, art. 819).

Des exceptions sont prévues pour les litiges relatifs à l'application des dispositions mentionnées à l'article L. 314-26 du code de la consommation, ou si l'une des parties au moins sollicite l'homologation d'un accord ; lorsque l'exercice d'un recours préalable est imposé auprès de l'auteur de la décision ; si l'absence de recours à l'un des modes de résolution amiable mentionné au premier alinéa est justifiée par un motif légitime lequel s'apprécie en fonction des circonstances de la cause, de l'urgence manifeste de la situation, notamment l'indisponibilité de conciliateurs de justice dans un délai raisonnable, c'est-à-dire qui ne mette pas en péril les droits du plaideur au regard de la nature et des enjeux du litige ; enfin, si le juge ou l'autorité administrative doit, en application d'une disposition particulière, procéder à une tentative préalable de conciliation (CPC, art. 819-1).

B. LES INCITATIONS JUDICIAIRES NOUVELLES À LA MÉDIATION

L'article 22-1 loi n° 95-125 du 8 février 1995 modifié par la loi du 232 mars 2019 confère à tous les juges, à toutes les phases de la procédure, le pouvoir général d'enjoindre aux parties de rencontrer un médiateur qu'il désigne, si le juge n'a pas recueilli l'accord des parties, mais qu'il estime qu'une résolution amiable du litige est possible. Cette disposition est entrée en vigueur immédiatement dès le 25 mars 2019.

Le texte ajoute que le médiateur doit répondre aux conditions prévues par décret en Conseil d'État. De quel décret s'agit-il ? On peut songer au décret n° 2017-1457 du 9 octobre 2017 visant l'inscription sur les listes de médiateurs auprès des cours d'appel ; mais cette liste a été élaborée pour l'information des juges, elle n'est donc pas impérative et le juge peut désigner d'autres médiateurs que ceux qui y sont inscrits. On peut penser au décret n° 96-652 du 22 juillet 1996 d'application de la loi du 8 février 1995, que l'on retrouve aux articles 131-1 et suivants du CPC et qui précise les conditions que doit remplir le médiateur chargé d'une médiation judiciaire. L'article 131-5 du CPC indique à cet égard de manière synthétique que la personne ne doit pas avoir été condamnée, doit posséder la qualification nécessaire, avoir suivi une formation ou avoir une expérience en médiation, et présenter des garanties d'indépendance nécessaires à l'exercice de la médiation. Cela suppose que l'on considère que la médiation qui suit cette injonction est judiciaire : cela implique que le juge rende une décision pour fixer la durée de la médiation, le contenu de la mission et la consignation de l'avance sur rémunération conformément aux dispositions prévues aux articles 131-1 et s. du CPC. Mais on peut aussi considérer que la médiation qui suit l'injonction est conventionnelle. Dans ces conditions, il faut faire application au médiateur des exigences définies à l'article 1533 du

CPC : le médiateur doit ne pas avoir fait l'objet de condamnation, d'une incapacité ou déchéance professionnelle, posséder la qualification adéquate ou justifier d'une formation ou d'une expérience adaptée à l'exercice de la médiation. En cas d'accord, les parties peuvent solliciter l'homologation sur le fondement de l'article 131-12 dernier alinéa du CPC qui prévoit expressément l'hypothèse d'une médiation conventionnelle en cours d'instance. En tout état de cause, les parties doivent respecter l'injonction du juge, mais ne sont pas tenues de poursuivre une médiation.

S'agissant du juge aux affaires familiales, une médiation post-sentencielle est prévue à l'article 31 de la loi du 23 mars 2019 (C. civ., art. 373-2-10) qui s'ajoute aux processus déjà connus. À l'effet de faciliter la recherche par les parents d'un exercice consensuel de l'autorité parentale, le juge peut leur proposer une mesure de médiation et, après avoir recueilli leur accord, désigner un médiateur familial pour y procéder, y compris dans la décision statuant définitivement sur les modalités d'exercice de l'autorité parentale. Il peut de même leur enjoindre, sauf si des violences ont été commises par l'un des parents sur l'autre parent ou sur l'enfant, de rencontrer un médiateur familial qui les informera sur l'objet et le déroulement de cette mesure.

C. LA NUMÉRISATION DES MODES AMIABLES (MÉDIATION ET CONCILIATION ET ARBITRAGE EN LIGNE)

Afin de tenter de réguler le marché de l'amiable numérique, la loi du 23 mars 2019 organise un processus de certification (art. 4-1 et s. loi n° 2016-1547 du 18 nov. 2016 non codifiés). Sans entrer dans le détail, on peut mentionner que cette certification sera volontaire, et qu'elle sera accordée sous l'autorité du COFRAC (comité français d'accréditation). Pour cela, de nombreuses conditions doivent être respectées. Les personnes physiques ou morales ne peuvent réaliser des actes d'assistance ou de représentation que dans les conditions prévues à l'article 4 de la loi n° 71-1130 du 31 décembre 1971 portant réforme de certaines professions judiciaires et juridiques. Elles ne peuvent donner des consultations juridiques ou rédiger des actes sous seing privé qu'à la condition de respecter les obligations résultant de l'article 54 de la même loi (art. 4-5). Elles sont tenues à des obligations déontologiques strictes (respect des données personnelles, confidentialité, impartialité, indépendance, compétence et diligence). Par exception, la certification est accordée de plein droit aux conciliateurs de justice, aux médiateurs inscrits sur la liste prévue à l'article L. 615-1 du code de la consommation au titre de leur activité de médiation de consommation ainsi qu'aux personnes inscrites, dans le ressort d'une cour d'appel, sur la liste des médiateurs prévue à l'article 22-1 A de la loi n° 95-125 du 8 février 1995. Enfin, lorsque le service de conciliation ou de médiation est proposé à l'aide d'un traitement algorithmique ou automatisé, les parties doivent en être informées par une mention explicite et doivent expressément y consentir (surtout si la conciliation ou la médiation met en cause leurs données personnelles). Les règles définissant ce traitement ainsi que les principales caractéristiques de sa mise en œuvre sont communiquées par le responsable de traitement à toute partie qui en fait la demande. Le responsable de traitement s'assure de la maîtrise du traitement et de ses évolutions afin de pouvoir expliquer, en détail et sous une forme intelligible, à la partie qui en fait la demande la manière dont le traitement a été mis en œuvre à son égard.

Le décret n° 2019-1089 du 25 octobre 2019 (qui entrera en vigueur au plus tard le 1er janvier 2021) a précisé les modalités de la certification. L'organisme certificateur est en principe accrédité par le Comité français d'accréditation ; il procède à un audit du service en ligne fournissant des prestations de conciliation, de médiation ou d'arbitrage, sur pièces et sur place. À l'issue de l'audit, le cas échéant au terme d'une procédure de mise en conformité réalisée dans le délai imparti par l'organisme certificateur, si le service en ligne remplit les conditions requises par le référentiel, une décision de certification est notifiée au demandeur. Le certificat est délivré pour une durée de trois ans renouvelable. Il est accessible en ligne aux utilisateurs. Le service en ligne fait l'objet d'audits de suivi par l'organisme certificateur. Après un audit de renouvellement du certificat par l'organisme certificateur, le certificat est renouvelé, le cas échéant, pour une nouvelle période de trois ans. Une contestation peut être élevée par le représentant du service en ligne en cas de refus, de suspension ou de retrait de la certification, auprès de l'organisme certificateur dans un délai d'un mois à compter de la notification de la décision. Ce recours est examiné par le collège compétent dans un délai de quatre mois à compter de sa réception. La décision motivée est notifiée au service en ligne. La publicité est prévue. La liste actualisée des services en ligne de conciliation, de médiation et d'arbitrage certifiés est publiée sur le site justice.fr. Les services en ligne dont le certificat est en cours de validité peuvent apposer sur leur site internet le logo attestant de leur certification.

Il reste pour conclure à constater les très nombreux bouleversements affectant la procédure civile, qui rendront nécessaire un nouveau colloque sur le sujet dans un an !

LES RÉFORMES EN DROIT DES PERSONNES ET DE LA FAMILLE

LAETITIA ANTONINI-COCHIN
Maître de conférences HDR à l'Université Côte d'Azur
Directrice-adjointe du CERDP
Co-directrice de l'IEJ

1. Le droit de la famille et le droit des personnes sont depuis quelques années l'objet de nombreuses réformes pour le plus grand « plaisir » des praticiens qui doivent s'adapter en permanence aux nouvelles dispositions. Ainsi, après la loi du 18 novembre 2016 de modernisation de la justice du XXIe siècle instaurant le divorce sans juge[7], et dans l'attente de la loi bioéthique, appelée à modifier les règles de filiation dans le cadre de PMA, la loi du 23 mars 2019 dite de « *programmation 2018-2022 et de réforme pour la justice* » a opéré d'importantes réformes procédurales[8]. Si certaines dispositions sont entrées en vigueur immédiatement et ont été complétées par le décret du 22 juillet 2019[9], d'autres dispositions majeures sont au contraire conditionnées aux décrets d'application et entreront au plus tard en application le 1er septembre 2020[10]. En tout état de cause, quelle que soit sa date d'entrée en vigueur, les objectifs de la réforme sont en la matière clairement énoncés. Outre des finalités budgétaires incontestables, il s'agit de : *« Simplifier pour mieux juger » en matière familiale et « Simplifier et recentrer l'office du juge dans le domaine de la protection des majeurs »* pour reprendre les formules légales. De tels impératifs sont pour le moins ambitieux, voire diront certains, présomptueux.

---

[7] Loi n°2016-1547, JO n°0269 du 19 nov. 2016.

[8] Loi n° 2019-222 du 23 mars 2019, JO n°0071 du 24 mars 2019.

[9] Décret n° 2019-756 du 22 juillet 2019 portant diverses dispositions de coordination de la loi en matière familiale et en matière de protection juridique des majeurs est intervenu opérant quelques modifications dans le code de procédure civile.

[10] Voire le 31 décembre 2023 pour la désignation d'un professionnel pour contrôler les comptes de gestion d'un majeur protégé.

2. Aussi peut-on légitimement s'interroger sur les moyens mis en œuvre pour parvenir à de tels objectifs. Le législateur s'est-il réellement donné les moyens de ses ambitions ? Il est sans doute très prématuré de répondre. Mais, force est de constater que la réforme s'est engagée dans une double voie. Le législateur s'est en effet attaché à libéraliser les procédures familiales d'une part (I) et à rénover les régimes de protection des personnes vulnérables, d'autre part (II). Une libéralisation et une rénovation qui appellent d'ores et déjà quelques réflexions.

I. Des procédures familiales libéralisées

3. La loi du 23 mars 2019 contient des dispositions diverses et variées touchant au droit de la famille qui sont, pour l'essentiel, entrées en vigueur depuis le 25 mars dernier.
Certaines concernent tout d'abord l'exercice de l'autorité parentale. Ainsi l'attribution provisoire de la jouissance du logement de la famille à l'un des deux parents, dans le cadre d'une requête relative à l'autorité parentale, est désormais ouverte aux couples non mariés au nom du principe d'égalité[11]. L'exécution des décisions du juge aux affaires familiales en la matière est également renforcée par le recours à l'amende civile et à la force publique[12] ou encore la fixation des pensions alimentaires révisées est confiée aux Caisses d'allocations familiales à titre expérimental[13].

---

[11] Art. 373-2-9-1 c. civ. ; Il s'agit d'une attribution provisoire d'une durée maximale de 6 mois. Si le bien appartient indivisément aux parents, la durée de l'attribution peut être prorogée si le juge a été saisi d'une demande de liquidation partage des intérêts patrimoniaux du couple (al. 3). Le décret du 22 juillet (art. 10) a d'ailleurs précisé que la procédure applicable à la demande de prorogation est contentieuse, publique et que la saisine s'opère par assignation (art. 1136-1 cpc). La procédure applicable à la prorogation est donc différente de celle applicable à la demande d'attribution initiale (art. 1179 cpc non modifié : demandes formées, instruites et jugées en chambre du conseil).

[12] Art. 373-2-6 et art. 373-2 al. 3 c. civ.

[13] L'expérimentation est prévue pour une période de 3 ans dans un nombre de départements déterminé par décret. Les CAF pourront ainsi, à partir d'un barème obligatoire, procéder à l'émission d'un titre exécutoire pour adapter une pension alimentaire dès lors qu'il y a évolution des revenus de l'un ou des deux parents. Demain, il suffira de s'adresser à la Caf qui statuera, en se basant sur les données fiscales et de paie, auxquelles elle a accès. A première vue, ce dispositif peut réjouir les familles monoparentales concernées car les délais de décision seront plus

D'autres dispositions opèrent ensuite des transferts de compétence au profit du notaire. Tel est le cas du recueil du consentement en vue d'une PMA avec tiers donneur ou accueil de l'embryon ou encore de la rédaction d'un acte de notoriété en matière de possession d'état et de suppléance des actes d'état civil détruits ou disparus[14].
Mais enfin et surtout, la réforme opère deux modifications majeures sur le plan procédural traduisant la volonté de libéralisation manifeste du législateur : la déjudiciarisation du changement de régime matrimonial, d'une part (A) et la simplification de la procédure de divorce, d'autre part (B).

A. LA DÉJUDICIARISATION DU CHANGEMENT DE RÉGIME MATRIMONIAL

4. La procédure de changement de régime matrimonial, telle que prévue par l'article 1397 du Code civil, est une nouvelle fois modifiée. La loi du 23 mars 2019 vient ainsi parachever un mouvement, engagé de longue date, de libéralisation du changement de régime matrimonial. Faut-il le rappeler, l'immutabilité absolue du régime matrimonial consacrée par le Code civil de 1804 *(C. civ., art. 1395, ancien)*, avait laissé la place dès 1965 à une immutabilité relative placée sous le contrôle du juge, un contrôle réduit en 2006[15] et finalement supprimé en 2019. Une mutabilité incontrôlée est aujourd'hui consacrée qui se traduit par deux innovations majeures : la suppression du délai de deux ans, en premier lieu, et la suppression de l'homologation systématique du juge en présence d'enfant mineur, en second lieu.

---

rapides, mais au réalité, cela revient à appliquer une sorte de barème administratif sans tenir compte d'une multitude d'autres facteurs car les Caf n'auront ni le temps, ni les compétences pour cela, puisque ce ne seront pas des magistrats qui statueront. En outre, cette nouvelle procédure, qui déjudiciarise un peu plus, semble méconnaitre le principe de la séparation des pouvoirs administratif et judiciaire, garantissant la neutralité puisque la Caf se retrouve juge et partie. Enfin, il est légitime de se demander si les Caf pourront tout assumer car, depuis le 1er janvier 2017, elle assure, via l'agence de recouvrement des impayés de pension alimentaire (Aripa) administrée par la CAF et la MSA, le recouvrement des pensions alimentaires non payées.

[14] Art. 46 et 317 c. civ.

[15] Loi n°2006-728 du 23 juin 2006 portant réforme des successions et libéralités, JO n°145 du 24 juin 2006.

1) La suppression du délai de deux ans

5. En matière matrimoniale, il était d'usage de fixer des délais de réflexion en raison des intérêts en jeu. Il en était ainsi jusqu'en 2004 en matière de divorce par consentement mutuel (délai minimal de 6 mois de vie commune). Le changement de régime matrimonial n'échappait pas à cette règle. L'article 1397 al. 1, dans sa rédaction de 2006, disposait ainsi "*après deux années d'application du régime matrimonial quel qu'il soit, les époux pourront convenir dans l'intérêt de la famille de le modifier ou même d'en changer entièrement*". Par cette condition de délai, le législateur estimait qu'un régime ne pouvait être modifié par les époux qu'en véritable connaissance de cause, c'est-à-dire après en avoir fait l'expérience. Il leur imposait donc une période de deux ans minimum de soumission à leur régime matrimonial afin d'être à même d'en apprécier les vices et les vertus et d'éviter toute modification intempestive ou irréfléchie[16]. Cette exigence a été purement et simplement supprimée par la loi de 2019 pour répondre aux besoins d'évolution et d'adaptabilité des couples. Les époux peuvent désormais changer de régime dès le lendemain de la célébration du mariage ou d'une précédente modification. À l'heure de la mobilité des personnes et de la libre circulation des richesses, la levée de ce verrou ne peut être approuvée, car elle offre ainsi plus de souplesse patrimoniale aux époux. Ces derniers peuvent plus rapidement réagir à un changement de situation personnelle ou professionnelle. De la même façon, cette libéralisation peut permettre aux époux qui ont omis de rédiger à l'origine un contrat de mariage de corriger la situation. Enfin, elle a le mérite de mettre un terme à l'inégalité qui existait jusqu'alors avec les couples présentant un élément d'extranéité. À ceux qui s'inquiètent déjà d'une telle réforme au nom de la sécurité juridique ou encore de l'intérêt de la famille, il convient de répondre que la cohérence juridique s'imposait. Si divorcer le lendemain de son mariage est admis, pourquoi ne pas pouvoir changer de régime matrimonial à la même date ? Qui peut le plus peut le moins, semble-t-il ?

---

[16] Ce délai commençait à courir à compter de la célébration du mariage lorsqu'il s'agissait d'une première modification mais il devait également être respecté entre deux modifications successives ; les deux ans couraient alors dans ce cas à compter du jour où le précédent changement avait pris effet entre les époux (à savoir à compter de l'acte notarié ou du jugement d'homologation le cas échéant).

Supprimer le délai de deux ans n'est toutefois pas la seule modification opérée par la loi de 2019. Le législateur a poursuivi son œuvre de déjudiciarisation de la procédure de changement de régime matrimonial en supprimant le recours automatique à l'homologation en présence d'enfants mineurs.

2) La suppression de l'homologation systématique du juge en présence d'enfant mineur

6. À l'origine systématique, l'homologation judiciaire du changement de régime matrimonial s'est réduite au fil des réformes comme une peau de chagrin. Depuis 2006, elle était limitée à deux hypothèses :
- en présence d'enfants mineurs des époux ou de l'un ou l'autre des époux
- en cas d'opposition à la modification envisagée faite par les tiers (les personnes parties au contrat modifié, les enfants majeurs ou encore les créanciers).

La loi de 2019 est allée plus loin puisqu'elle a supprimé le recours au juge homologateur en présence d'enfants mineurs. La solution n'est pas surprenante après la déjudiciarisation du divorce par consentement mutuel. Désormais, dans ce cas, la procédure de changement de régime matrimonial est en principe purement conventionnelle. L'homologation judiciaire par le JAF est exclue. Pour autant, le sort des mineurs n'est pas complètement négligé. En effet, si les parents bénéficient en principe d'une présomption de bonne gestion dans le cadre de l'administration légale, une telle présomption n'est pas irréfragable. Aussi le recours au juge est-il prévu pour protéger les intérêts de l'enfant. Conformément à l'alinéa 5 de l'article 1397 dans sa nouvelle rédaction, il appartient à présent au notaire d'alerter le juge des tutelles (des mineurs) s'il estime que le projet de changement de régime matrimonial compromet manifestement et substantiellement les intérêts patrimoniaux de l'enfant. Mais il n'est pas ici question d'une homologation. Le notaire sollicite auprès du juge des tutelles et non du JAF la seule autorisation judiciaire de signer la convention modificative Reste à voir en pratique si ce droit d'alerte conféré au notaire sera mis en œuvre. Il est permis d'hésiter, car le notaire, s'il a un doute, tentera de conseiller ses clients et de les dissuader de leur projet, voire refusera le cas échéant d'instrumenter.

7. En définitive, l'intervention du JAF est aujourd'hui seulement prévue en cas d'opposition formée par les tiers qui doivent être informés du projet des époux selon différentes modalités précisées par le Code civil et le code de procédure civile[17]. La liste des tiers a d'ailleurs été élargie par la loi de 2019. Outre les personnes parties au contrat modifié, les enfants majeurs, les créanciers, sont désormais visés le représentant de l'enfant mineur sous tutelle et de l'enfant majeur faisant l'objet d'une mesure de protection. Cet élargissement appelle toutefois deux remarques.

La première concerne l'enfant majeur protégé. Jusqu'alors, le Code civil visait l'enfant majeur sans distinction. Cette prise en compte de l'enfant majeur protégé est donc bienvenue pour autant la formule légale suscite quelques difficultés pratiques. En effet, selon l'article 1397 nouveau, le majeur protégé est informé du changement de régime par la voie de son représentant. Or, faut-il le préciser, toutes les mesures de protection juridique ne supposent pas nécessairement une représentation du majeur. Il en va ainsi de la sauvegarde ou encore de la curatelle. Dès lors dans ces deux hypothèses, il faut admettre que l'information soit délivrée au majeur lui-même et qu'il puisse s'opposer seul au changement de régime projeté par ses parents en cas de sauvegarde ou avec l'assistance du curateur en cas de curatelle.

La seconde remarque intéresse tout autant le majeur protégé que le mineur sous tutelle lorsque son représentant n'est autre que le parent concerné par le changement. Pareille situation pourrait sans aucun doute susciter un conflit d'intérêt qu'il conviendra alors de résoudre

---

[17] Si les créanciers sont informés de la modification envisagée par une publication d'un avis sur un support habilité à recevoir des annonces légales dans le département du domicile des époux, les autres (enfants majeurs et parties au contrat) doivent être informés personnellement par les époux. L'enfant mineur sous tutelle et le majeur protégé sont informés par la voie de leur représentant. Une fois informés, les tiers peuvent donc s'opposer à la modification du régime matrimonial dans un délai de 3 mois (à compter de l'information ou publication). L'opposition doit alors être transmise au notaire qui en informe les époux qui vont alors saisir le juge. L'acte notarié est soumis à homologation du JAF de lieu de la résidence de la famille statuant en matière gracieuse. La demande et la décision d'homologation sont publiées dans les conditions et sous les sanctions prévues au NCPC (art. 1300 et 1303 cpc).

conformément aux règles du droit commun des personnes vulnérables[18].

En tout état de cause, force est d'admettre que la loi du 23 mars 2019 a considérablement libéralisé le changement de régime matrimonial[19]. Les époux peuvent ainsi désormais modifier leur régime matrimonial, partiellement ou intégralement, sans exigence de délai et le plus souvent sans l'intervention du juge. Le législateur s'est également efforcé en matière familiale de simplifier la procédure de divorce.

B. LA SIMPLIFICATION DE LA PROCÉDURE DE DIVORCE

8. Trois ans après la déjudiciarisation du divorce par consentement mutuel, le législateur s'est attaché à réformer les autres cas de divorces. Une double simplification de la procédure a été réalisée. Le recours à l'acte d'avocat a été favorisé et un nouveau schéma procédural du divorce contentieux a été instauré.

1) Le recours à l'acte d'avocat favorisé

9. Le législateur a en effet volontairement élargi le champ d'application de l'acte d'avocat. Celui-ci n'est plus réservé au divorce par consentement mutuel.

Ainsi, la loi introduit la séparation de corps par consentement mutuel par acte sous signature privée contresigné par avocat et déposé au rang des minutes ; à l'instar du divorce, cette possibilité est bien évidemment exclue lorsqu'un époux est soumis à un régime de protection ou lorsqu'un enfant mineur demande à être entendu. Qu'il s'agisse d'ailleurs d'une séparation de corps ou d'un divorce par consentement mutuel, il est à noter que la signature électronique de

---

[18] Ainsi s'il s'agit du mineur en tutelle, le recours au subrogé tuteur sera préconisé. Pour le majeur protégé, tout dépendra du régime de protection, mandat de protection future (art. 483, 4°), habilitation familiale (art. 494-10 al. 2) ou tutelle (art. 454 al. 5 ou art. 455).

[19] Ces dispositions sont d'application immédiate, y compris aux changements en cours.

l'acte d'avocat est autorisée par l'article 1175 du Code civil, pourvu qu'elle intervienne en présence des parties[20].
Enfin, l'acceptation du principe de la rupture peut également intervenir par acte sous signature privée contresigné par avocats dès lors qu'ils sont chacun assistés d'un avocat. Une telle acceptation pourra d'ailleurs intervenir en amont de la saisine ou à tout moment de la procédure, notamment lors de l'audience d'orientation, et même en présence d'un majeur protégé[21].
Le recours à l'acte d'avocat a donc de beaux jours devant lui en matière de divorce et de séparation de corps et ce d'autant plus que sa reconnaissance est désormais admise en la matière dans tous les États membres de l'UE par l'article 65 du Règlement Bruxelles II ter[22], adopté le 25 juin dernier, qui entrera en vigueur le 1er août 2022.

Par souci de simplification, le législateur ne s'est pas contenté de favoriser le recours à l'acte d'avocat. Il a également instauré un nouveau schéma procédural du divorce contentieux dont la mise en œuvre suscite quelques interrogations.

2) Le nouveau schéma procédural du divorce contentieux

10. La réforme n'a pas modifié les cas de divorce contentieux. La trilogie classique, faute, acceptation du principe de la rupture et altération définitive du lien conjugal est maintenue avec toutefois une modification quant au délai pour agir dans le dernier cas : le délai de

---

[20] Cf. sur ce point, L. Junod-Fanget, Signature électronique et divorce, AJ famille 2019, p. 322. Art. 7. 2 du RIN.
[21] Art. 223 du c. civ. Dans ce cas, le juge ne sera saisi que des conséquences du divorce. Cf sur ce point, le projet de décret relatif à la procédure applicable aux divorces contentieux et à la séparation de corps, art. 1123 et 1123-1 du cpc. Cette mesure entrera toutefois en vigueur au plus tard le 1er septembre 2020. Cette déjudiciarisation n'est toutefois pas obligatoire puisque les époux peuvent toujours soumettre leur demande de divorce au juge et accepter le principe de la rupture devant le magistrat mais seulement s'ils l'ont saisi conjointement.
[22] Art. 65 : « *Les actes authentiques et les accords relatifs à la séparation de corps et au divorce qui ont un effet juridique contraignant dans l'État membre d'origine sont reconnus dans les autres États membres sans qu'il soit nécessaire de recourir à aucune procédure* ».

séparation de fait est ramené à un an au lieu des deux ans actuels[23]. À cette pluralité de divorce répondra demain une procédure commune qui a été profondément modifiée par la loi de 2019. Au système actuel de double saisine est substitué un seul acte de saisine : la demande introductive d'instance. Finie la traditionnelle requête en divorce suivie, après de l'audience de conciliation et l'ONC, par l'assignation en divorce.
Désormais tout divorce contentieux commencera par « une demande en divorce », dont le législateur n'a pas pris le soin de préciser la forme. Tout porte à croire qu'il s'agira d'une assignation, comme le laisse penser le projet de décret[24]. La demande en divorce se fera donc directement par l'avocat du demandeur par le RPVA, à peine d'irrecevabilité, avec une date. Elle devra ensuite être signifiée au défendeur par huissier de justice pour que l'instance soit régulièrement et contradictoirement introduite et que ce dernier puisse constituer avocat dans un délai de 15 jours.

11. Le contenu de la demande en divorce est, quant à lui, clairement énoncé par la loi.
Tout d'abord, la demande peut contenir le fondement du divorce, mais pas tout fondement. L'article 251 nouveau prévoit en effet que « *l'époux qui introduit l'instance peut indiquer le fondement de sa demande dans deux cas : en cas d'acceptation du principe de la rupture ou d'altération définitive du lien conjugal. En cas de faute, le fondement de la demande sera exposé dans les premières conclusions au fond* ».

---

[23] A la différence des mesures précédentes d'application immédiate, cette dernière mesure sera applicable au plus tard le 1er septembre 2020. Ce nouveau délai d'un an devra être apprécié à compter du jour de la demande en divorce. Cependant, si la demande ne précise par le fondement du divorce, l'écoulement de ce délai sera apprécié au jour du prononcé du divorce. Enfin, si le divorce pour altération définitive est demandé en même temps qu'une demande sur un autre fondement, cette exigence de délai n'a pas à être respectée.
[24] J. Casey, « Réforme de la procédure des divorces contentieux : simplifier pour mieux juger, vraiment ? », AJ fam. 2019, p. 239. Il est évoqué par la Chancellerie, une assignation qui s'effectuera par l'acte de saisine en ligne qui devrait être généralisé (prise de date d'audience par le demandeur). Selon le projet de décret, l'article 1107 du code de procédure civile disposerait que la demande en divorce est formée par assignation ou par requête conjointe et comporte la date de l'audience d'orientation.

L'utilisation du verbe « pouvoir » dans le texte n'est pas neutre. Cela signifie qu'il ne s'agit pas d'une obligation pour le demandeur. Si tel avait été le souhait du législateur, il aurait alors fallu assortir cette obligation d'une sanction pour garantir son efficacité telle que l'irrecevabilité de la demande par exemple. Or tel n'est pas le cas. Le demandeur a donc la liberté d'indiquer le fondement de sa demande lors de la saisine. Ainsi en pratique, deux sortes de demandes en divorce pourront apparaître :

- Celles où les motifs du divorce seront énoncés ; il ne pourra s'agir que d'un divorce fondé sur une acceptation du principe de la rupture du mariage par les époux (donnée par acte d'avocat) ou sur l'altération du lien conjugal et dans ce cas, le délai d'un an de séparation de fait sera apprécié au jour de la demande.
- Celles où les motifs seront gardés sous silence laissant planer le suspense jusqu'au plus tard, au moment des premières conclusions au fond. Ce sera nécessairement le cas pour le divorce pour faute, mais il pourra s'agir également du cas pour les autres fondements de divorce. Ainsi s'il apparaît par la suite qu'il s'agit d'un divorce pour altération, l'écoulement de ce délai sera dans ce cas apprécié au jour du prononcé du divorce.

Présentée par la Chancellerie comme une mesure destinée à éviter tout blocage ou toute difficulté, la solution retenue quant au fondement de la demande peut laisser sceptique. L'effet de surprise est-il vraiment un outil de pacification ? On peut en douter.

Outre l'éventuel fondement du divorce, la demande introductive d'instance devra contenir, conformément à l'article 252 nouveau, le rappel de diverses dispositions concernant :1°. La médiation en matière familiale et à la procédure participative ; 2°. L'homologation des accords partiels ou complets des parties sur les modalités d'exercice de l'autorité parentale et les conséquences du divorce.

Enfin, la demande devra comporter, à peine d'irrecevabilité, une proposition de règlement des intérêts pécuniaires et patrimoniaux des époux.

Il est ici intéressant de noter qu'aucune sanction n'est prévue si les deux premières séries de mentions obligatoires font défaut, à la différence de l'absence de la proposition de règlement patrimonial[25]. S'agit-il d'un oubli ou d'une volonté législative de distinguer au sein

[25] Le législateur s'est d'ailleurs dans ce cas contenté de reprendre la sanction d'irrecevabilité déjà prévue par l'article 257-2 désormais abrogé.

des mentions obligatoires ? Le projet de décret a, semble-t-il, voulu combler cette lacune puisqu'il est prévu que l'acte introductif d'instance indiquant que la demande en divorce est fondée sur l'article 242 du Code civil soit irrecevable (art. 1107 al. 3 CPC).
Enfin, pour terminer sur le contenu de la demande en divorce, le législateur est resté également silencieux sur les demandes des mesures provisoires. Celles-ci devront-elles être contenues dans la demande introductive d'instance puisque celles-ci pourront désormais être prises dès le début de la procédure ? La réponse est affirmative même si l'assignation aura alors, pour reprendre l'expression d'un auteur, une drôle de tête puisqu'elle contiendra à la fois le projet de règlement des intérêts patrimoniaux et des mesures provisoires[26]. Le projet de décret prévoit d'ailleurs qu' « *À peine d'irrecevabilité, les demandes relatives aux mesures provisoires prévues aux articles 254 à 256 du Code civil sont faites dans une partie distincte des demandes au fond dans l'acte de saisine* »[27].

12. En faisant ainsi le choix d'un acte de saisine unique, le législateur a apporté une modification majeure à la procédure de divorce qui ne sera pas sans conséquence, notamment sur la date des effets patrimoniaux du divorce entre époux[28]. À un seul acte de saisine va alors répondre une seule phase procédurale. Finie l'audience de conciliation et par ricochet, de l'ONC statuant sur les mesures provisoires. Accusée de nombreux maux et décriée, cette étape clé dans les procédures actuelles de divorce va disparaître pour permettre, selon la Chancellerie, d'alléger le parcours processuel des époux qui divorcent, mais aussi sans doute pour répondre à des contraintes budgétaires. Désormais, il y aura bien une première audience avec représentation d'avocat obligatoire qu'il conviendra d'appeler « une audience d'orientation et des mesures provisoires ». Celle-ci aura pour but principalement d'orienter le dossier, de constater l'engagement des parties dans une procédure participative ou de fixer un calendrier,

[26] Casey J., art. précit. AJ fam. 2019, p. 239.
[27] Art. 1117 cpc.
[28] Art. 262-1 nouveau c. civ. La convention ou le jugement de divorce prend effet dans les rapports entre les époux, en ce qui concerne leurs biens, lorsqu'il est prononcé pour acceptation du principe de la rupture du mariage, pour altération définitive du lien conjugal ou pour faute, à la date de la demande en divorce. De la même façon, la jouissance gratuite du domicile conjugal sera le principe jusqu'à la demande en divorce et non plus comme aujourd'hui jusqu'à l'ONC.

mais elle pourra aussi le cas échéant statuer sur les mesures provisoires, conformément à l'article 254 nouveau. En effet, conformément à l'article 254 nouveau du Code civil, et sauf renonciation des époux, il appartiendra au juge de fixer « *en début de procédure une audience à l'issue de laquelle il prend les mesures provisoires nécessaires pour assurer l'existence des époux et des enfants de l'introduction de la demande en divorce à la date à laquelle le jugement passe en force de chose jugée, en considération des accords éventuels des époux* »[29]. Cette audience sur les mesures provisoires n'est pas obligatoire puisque les parties ou la seule partie constituée auront la possibilité d'y renoncer. Si tel n'est pas le cas, l'audience se tiendra et le contenu des mesures provisoires (demandées dans l'acte introductif d'instance) sera identique à celui pris dans le cadre actuel d'une ONC puisque les articles 255 et 256 n'ont pas été modifiés[30].

13. Le fait que les mesures provisoires soient à l'avenir prises lors de cette première audience suscite toutefois quelques interrogations notamment sur le domaine d'application dans le temps de ces mesures ou encore sur la nature exacte de cette audience ? Écrite ou orale, telle est la question ? En réalité, il s'agira sans doute d'une procédure hybride. La procédure sera certainement moins formaliste que la procédure écrite de droit commun devant le futur tribunal judiciaire et permettra la souplesse de la procédure orale. Le projet de décret semble d'ailleurs s'orienter dans ce sens en prévoyant de permettre aux parties de modifier oralement leurs prétentions[31] .

En définitive, le nouveau schéma procédural du divorce contentieux interroge tant la pratique que la doctrine avant son entrée en vigueur prévue au plus tard le 1er septembre 2020[32]. C'est dire combien le décret d'application est attendu avec impatience. Mais le législateur ne

---

[29] Art. 254 nouveau du code civil.

[30] Chaque partie conserve également la possibilité de saisir le juge de la mise en état jusqu'à la clôture des débats des autres demandes prévues par l'article 771 du cpc (autres mesures que celles prévues par 255 et 256).

[31] Art. 1117 cpc.

[32] V. sur ce point l'analyse de J. Casey, art. préc., spéc. p. 241-243. Il convient de préciser que depuis la date de cette communication, la Chancellerie a informé le 27 novembre les chefs de cour du report effectif de l'entrée en vigueur de la réforme du divorce au 1er septembre 2020.

s'est pas contenté de réformer les procédures familiales. Il a également rénové les régimes de protection des personnes vulnérables.

II. Des régimes de protection rénovés

14. Une fois encore, c'est un objectif de simplification qui a commandé les réformes opérées en droit des personnes : une simplification pour « *mieux protéger les personnes vulnérables* ». Pour parvenir à ce délicat équilibre, la loi, complétée depuis par le décret du 22 juillet[33], a prévu des dispositions nombreuses et variées qui touchent à tous les domaines de la protection, qu'il s'agisse de la mise en place des mesures ou encore de leur contrôle. Il n'est évidemment pas question de toutes les envisager dans le cadre de cette communication. Plus généralement, à travers ses différentes modifications, le législateur a rénové les différents régimes de protection cherchant tout à la fois à renforcer les droits extrapatrimoniaux de la personne protégée (A) et à recentrer l'office du juge (B).

A. LE RENFORCEMENT DES DROITS DU MAJEUR PROTÉGÉ

15. Concilier protection et respect de la personne protégée n'est pas chose aisée. Comment en effet protéger sans diminuer ? La réforme a fait le choix de conférer une plus grande autonomie personnelle au majeur protégé. Par exemple, le majeur en tutelle ne peut plus être privé par le juge du droit de vote[34]. Mais aussi et surtout certaines autorisations préalables ont été supprimées pour renforcer les droits extrapatrimoniaux du majeur protégé ; un recul du juge néanmoins assorti de garde-fous.

---

[33] Le décret n°2019-756 du 22 juillet 2019 modifie les dispositions du code de procédure civile applicables aux majeurs protégés.

[34] Art. 5 du code électoral abrogé. Par conséquent, le médecin inscrit sur la liste du Procureur n'a plus à se prononcer sur le maintien du droit de vote. Un nouvel article 72-1 du code électoral prévoit les règles relatives aux procurations.

1) La suppression des autorisations préalables en matière matrimoniale

16. Depuis le 25 mars, la personne placée sous tutelle est dispensée de solliciter l'autorisation du juge pour se marier. De la même façon, la personne en curatelle n'a plus à demander l'autorisation de son curateur, et en cas de refus, celle du juge des tutelles pour se marier.
L'article 460, réécrit, dispose désormais que « *La personne chargée de la protection est informée au préalable du projet de mariage du majeur* ». Les futurs époux doivent justifier, avant la publication des bans, de la délivrance de cette information. Rien n'est toutefois précisé quant la forme de cette information préalable. À défaut de celle-ci, l'officier d'état civil ne peut célébrer le mariage[35].
En outre, la loi a également souhaité faciliter le recours au divorce pour acceptation du principe de la rupture aux majeurs protégés. L'article 249 alinéa 2 prévoit que la personne protégée peut accepter seule le principe de la rupture du mariage sans considération des faits à l'origine de celle-ci. Parallèlement, le majeur protégé peut présenter une demande en divorce pour acceptation du principe de la rupture. Le majeur en curatelle exercera l'action lui-même avec l'assistance du curateur et le majeur en tutelle sera représenté par son tuteur. Seul le divorce par consentement mutuel demeure fermé au majeur protégé. Dans tous les cas, la loi est venue préciser que si la demande en divorce est présentée alors qu'une demande d'ouverture d'une mesure de protection est en cours ou vient d'être déposée, il ne peut être statué sur la demande de divorce qu'après la mise en place de la mesure de protection.
Enfin, conformément à l'article 462 alinéa 1 du Code civil, les majeurs sous tutelle peuvent désormais souscrire un pacs sans solliciter l'autorisation préalable du juge. Ils doivent toutefois être assistés pour la signature de la convention de pacs.
Aussi légitime soit-il, ce renforcement de l'autonomie personnelle du majeur protégé n'est pas sans limites. Le législateur a posé à l'exercice de la liberté matrimoniale du majeur protégé des garde-fous qui appellent quelques remarques.

[35] Art. 63 c. civ.

2) Les garde-fous législatifs

17. En premier lieu, le curateur ou le tuteur peut former opposition au mariage s'il estime que ce projet va à l'encontre des intérêts du tutélaire ou du curatélaire conformément aux articles 173 et suivants. À l'instar des pères et mère ou ascendants, le représentant du majeur n'a pas à justifier d'un motif particulier[36]. La mainlevée judiciaire pourra alors être demandée par les futurs époux devant le TGI et demain le tribunal judiciaire[37]. L'opportunité de recourir ainsi à l'opposition peut néanmoins susciter la réserve. En effet, faut-il le rappeler, le recours traditionnel au juge des tutelles n'entrainait aucun frais particulier et la saisine pouvait se faire par lettre simple. Or la mainlevée judiciaire est une procédure contentieuse avec représentation d'avocat obligatoire, donc plus couteuse. N'aurait-il pas été plus simple de prévoir ici un recours spécifique devant le juge des tutelles pour demander la mainlevée ?

18. En second lieu, deux autres garde-fous ont été prévus en raison des incidences patrimoniales du mariage.
Tout d'abord, conformément à l'article 1399 al. 3, la personne chargée de la mesure de protection peut être autorisée à saisir le juge afin qu'il l'autorise à conclure seul un contrat de mariage afin de préserver les intérêts du majeur protégé. Si l'intention est louable, la rédaction du texte est douteuse. Une convention matrimoniale, comme toute convention, suppose d'être au moins deux. Or que faire si le conjoint refuse cette convention ? Recourir au juge ?
Enfin, le législateur n'a pas modifié les règles pour le changement de régime matrimonial d'un majeur protégé. Celui-ci demeure soumis à l'autorisation préalable du juge des tutelles ou du conseil de famille s'il a été constitué.

En supprimant ainsi un certain nombre d'autorisations judiciaires préalables, la loi nouvelle a renforcé l'autonomie personnelle du majeur protégé tout en veillant à la sauvegarde de ses intérêts patrimoniaux[38]. Cette déjudiciarisation s'inscrit parfaitement dans la volonté législative de recentrer l'office du juge en la matière.

---

[36] Cf art. 176 al. 3 c. civ., l'acte d'opposition produit effet durant un an.
[37] En cas d'opposition, le Tribunal aura 10 jours pour statuer sur la mainlevée.
[38] Il est à noter que le terme d'incapable a enfin été supprimé dans le code de procédure civile par le décret du 22 juillet 2019.

B. LE RECENTRAGE DE L'OFFICE DU JUGE

19. Pour répondre à l'exigence d'une meilleure protection des personnes vulnérables, le législateur a cantonné l'intervention du juge aux situations conflictuelles. Un tel recentrage s'est traduit en pratique par l'allégement du contrôle du juge pour certains actes patrimoniaux, mais aussi par la priorité donnée aux habilitations familiales.

1) L'Allègement du contrôle préalable du juge des tutelles sur certains actes

20. Depuis le 25 mars, la personne en charge du majeur protégé est dispensée de solliciter certaines autorisations au juge en matière patrimoniale ou de santé renforçant ainsi ses pouvoirs. Une telle déjudiciarisation s'imposait, car il était avéré que dans la majorité des cas, l'autorisation du juge était donnée, mais aussi et surtout la saisine préalable systématique du juge occasionnait des retards souvent préjudiciables.

Ainsi, dorénavant, le tuteur peut agir seul. Il peut par exemple :

- accomplir tous les actes nécessaires à la protection de la personne du majeur protégé et ayant pour effet de porter atteinte à son intégrité corporelle. Sauf urgence, la saisine du juge est seulement prévue en cas de désaccord entre la personne chargée de la protection et le majeur protégé[39] ;
- accepter purement et simplement une succession bénéficiaire, si l'actif dépasse manifestement le passif, après recueil d'une attestation du notaire chargé du règlement de la succession ;
- ouvrir les opérations de partage amiable en cas de succession ou d'indivision. L'autorisation du juge n'est prévue qu'en cas de conflits d'intérêts entre le majeur protégé et son protecteur[40].

---

[39] Art. 459 c. civ. Sur l'interprétation du texte, cf. Pecqueur. En faveur d'une intervention du juge en cas d'acte portant atteinte gravement à l'intégrité corporelle de la personne. À noter ici que la loi habilite le gouvernement à procéder par ordonnance dans un délai d'un an à la coordination des textes du code civil et du CSP et du code de l'action sociale et des familles.

[40] Art. 507-1, al. 2 mod. L'approbation du partage amiable reste soumise à autorisation judiciaire.

- ouvrir un compte bancaire dans la banque du majeur, clôturer un compte ouvert en cours de mesure[41] ou encore procéder à des placements sur ce compte[42];
- enfin, souscrire une convention-obsèques au nom du majeur sous tutelle[43].

Cette modification du champ d'intervention du juge des tutelles n'est toutefois pas sans conséquence sur le régime de la curatelle. En effet, conformément à l'article 467 du Code civil, la personne sous curatelle ne peut, sans l'assistance du juge ou du conseil de famille, faire aucun acte qui, en cas de tutelle, requerrait une autorisation du juge ou du conseil de famille. Ainsi par ricochet, il faut admettre que la personne sous curatelle pourra désormais faire seule les actes énoncés précédemment et qui n'exigent plus l'autorisation du juge.

21. Ce souci d'allégement du contrôle judiciaire se retrouve aussi dans la volonté d'externaliser le contrôle des comptes rendus de gestion établis chaque année par les tuteurs ou les curateurs en curatelle renforcée. Celui peut donc se faire en interne par le subrogé tuteur ou le conseil de famille ou par une pluralité d'organes. Le juge ne sera appelé à statuer que s'il est saisi par l'un des protecteurs. Le contrôle pourra également être confié à un professionnel qualifié[44]. L'application de cette seconde modalité est toutefois reportée au plus tard au 31 décembre 2023.

Mais, au-delà de l'allégement du contrôle judiciaire, la loi a souhaité favoriser les habilitations familiales.

---

[41] Art. 427 c. civ. Autorisation du juge si ouverture d'un compte dans un établissement bancaire autre que l'établissement habituel du majeur protégé.

[42] Art. 501, al. 1er mod.

[43] Art. L. 132-3, al. 1er mod. ; C. assur., art. L. 132-4-1, al. 2 nouv. ; C. mut., art. L. 223-5, al. 1er mod.) Ou encore inclure dans les frais de gestion la rémunération des administrateurs particuliers dont le tuteur demande le concours (C. civ., art. 500, al. 2 mod.) ou choisir le gestionnaire de valeurs mobilières et d'instrument financiers de la personne protégée (C. civ., art. 500, al. 3 mod.)

[44] Art. 512 c. civ.

2) La priorité donnée aux habilitations familiales

22. Parmi les différents régimes de protection, le législateur a émis une préférence manifeste pour l'habilitation familiale réaffirmant ainsi les principes de subsidiarité et de nécessité à l'article 428 du Code civil[45].
Pour privilégier cette mesure de protection simplifiée, la réforme a procédé à des modifications significatives[46]. Elles sont principalement au nombre de quatre.

Tout d'abord, la loi a assoupli les conditions de son prononcé. Le critère initial et restrictif d'impossibilité d'exprimer sa volonté a été abandonné au profit du critère commun à toutes les mesures de protection posé à l'article 425 du Code civil, à savoir : « *l'impossibilité pour la personne de pourvoir seule à ses intérêts en raison d'une altération médicalement constatée, soit de ses facultés mentales, soit de ses facultés corporelles de nature à empêcher l'expression de sa volonté* ».

Ensuite, la qualité pour agir a été élargie puisque le majeur lui-même peut saisir le juge d'une demande d'habilitation familiale. De la même façon, tout intéressé peut saisir le juge en cas de difficultés dans l'exercice de cette mesure.

En outre, à côté de la traditionnelle habilitation familiale par représentation (générale ou spéciale), coexiste aujourd'hui une habilitation par assistance.

Enfin, la loi a créé une passerelle entre les mesures judiciaires et l'habilitation familiale. Il est désormais possible pour le juge de prononcer une habilitation familiale, soit à la fin de l'instruction d'une requête aux fins d'ouverture d'une tutelle ou d'une curatelle, soit lors

[45] La mesure de protection judiciaire ne peut être ordonnée par le juge qu'en cas de nécessité et lorsqu'il ne peut être suffisamment pourvu aux intérêts de la personne par la mise en œuvre du mandat de protection future conclu par l'intéressé, par l'application des règles du droit commun de la représentation, de celles relatives aux droits et devoirs respectifs des époux et des règles des régimes matrimoniaux, en particulier celles prévues aux articles 217, 219, 1426 et 1429 ou, par une autre mesure de protection moins contraignante.
[46] Art. 494-1 à 494-12 c. civ.

du renouvellement d'une telle mesure[47]. Mais l'inverse est vrai également. Si l'habilitation familiale ne permet pas d'assurer une protection suffisante, le juge peut ordonner une mesure de protection judiciaire [48].

Dans un souci de simplification et d'efficacité, le décret du 22 juillet a d'ailleurs abrogé les dispositions procédurales spécifiques à l'habilitation familiale. Une procédure unique est désormais prévue devant le juge des tutelles afin de faciliter et d'unifier le traitement procédural des requêtes aux fins de protection des majeurs[49].

23. Le législateur a donc souhaité simplifier le droit des majeurs protégés et recentrer en la matière l'office du juge. Mais de quel juge parle-t-on ? En effet, l'appellation du juge des tutelles a vocation à disparaître. Ses missions seront à compter du 1re janvier 2020 dévolues à un magistrat du tribunal judiciaire, émanation de la fusion des TGI et TI, le juge des contentieux de la protection qui connaitra également de l'expulsion des personnes sans droit ni titre, du surendettement ou encore des crédits à la consommation[50]. L'objectif de recentrage de la mission du juge sera-t-il réellement atteint avec cette nouvelle architecture ? De la même façon, la volonté de décharger le juge d'un certain nombre d'autorisations en matière patrimoniale notamment et le souhait de privilégier les habilitations familiales sont louables, mais est-ce conciliable avec l'exigence de protection des personnes vulnérables ? L'avenir le dira.

24. En rénovant les régimes de protection et en libéralisant les procédures familiales, le législateur s'est donc inscrit dans une volonté de déjudiciarisation et de modernisation de la justice même si cet impératif n'est pas nouveau. Il reste toutefois encore de nombreuses inconnues pour prendre la réelle mesure des réformes opérées. Les décrets d'application sont donc très attendus, spécialement en matière

---

[47] Art. 494-3 dernier al c. civ.
[48] Art. 494-5 c. civ. Mais il n'est pas possible pour le juge de prononcer d'office une mesure de protection judiciaire lorsqu'il est saisi d'une difficulté dans le fonctionnement de l'habilitation familiale.
[49] Art. 1211 à 1257 cpc.
[50] La compétence matérielle et la compétence territoriale du juge des contentieux de la protection ont été fixées par différents décrets : les décrets n° 2019-912, n° 2019-913, n° 2019-914 du 30 août 2019 et le décret n° 2019-965 du 18 septembre 2019.

de divorce, mais sans doute ne suffiront-ils pas à nous éclairer totalement. Il ne fait aucun doute que tous les praticiens du droit des personnes et de la famille ont un rôle à jouer dans l'appréhension de la réforme.

LES REFORMES PROCÉDURALES, LE POINT DE VUE DE L'AVOCAT[51]

Thierry TROIN
Avocat au barreau de Nice, Bâtonnier de l'Ordre

1) L'article 95 de la loi du 23 mars 2019

La loi 2019-222 du 23 mars 2019 de programmation et de réforme pour la justice contient des dispositions particulièrement denses concernant la procédure civile, la procédure pénale et la procédure administrative.
En son article 95, la loi crée un nouveau Tribunal : le tribunal judiciaire issue de la fusion des tribunaux de grande instance et tribunaux d'instance.
La loi crée également un nouveau Juge : le Juge des Contentieux de la Protection qui reprend la plupart des compétences matérielles du tribunal d'instance.

2) L'éloignement du juge

La loi contient par ailleurs un certain nombre de dispositions qui tendent à mon sens à la déshumanisation de la justice et à l'éloignement du justiciable de son juge et de son avocat.

Il en est ainsi :
- de la « plate-formisation » de la conciliation ou de la médiation par des personnes physiques ou morales proposant de manière rémunérée ou non un service en ligne de conciliation, de médiation ou d'arbitrage, en application de l'article 4 ;
- de la création de la juridiction d'indemnisation des victimes d'actes de terrorisme (dite « JIVAT ») dont la compétence exclusive est donnée au tribunal de grande instance de PARIS sans assurer une postulation nationale des avocats en application de l'article 64 de la loi ;

---

[51] Le style oral a été gardé. Le texte est en date du 25 octobre 2019.

- de la création d'un tribunal de grande instance de l'injonction de payer par voie dématérialisée en son article 27 ;
- de la possibilité pour le juge, à tout moment de la procédure, y compris en référé, d'ordonner une médiation en son article 3 ;
- de l'obligation de médiation préalable à toute saisine du tribunal pour les litiges n'excédant pas un certain montant ou les litiges relatifs à un conflit de voisinage.
Sur ce dernier point, un projet de décret prévoit que la tentative de conciliation, à peine d'irrecevabilité, est prévue pour les litiges n'excédant pas une somme de 5 000 € et pour des matières spécifiques dont les actions en bornage ou les actions relatives aux plantations ou élagage d'arbres à une certaine distance prévue par la loi (création des articles 819 et 819-1 du Code de Procédure Civile).

Sous prétexte de simplification et malgré un chapeau introductif sur l'augmentation du budget de la justice, il est bien évident que la loi et ses décrets d'application, tendent en réalité à des économies de masse du système judiciaire, alors que le renforcement des services de greffes et de magistrats suffirait à rendre une justice humaine, rapide et efficace.

3) Les décrets d'application de la loi

Sur la base de la loi, plusieurs décrets sont intervenus, notamment les 17 juillet 2019, 30 août 2019 et 18 septembre 2019. Ils précisent la réorganisation des juridictions.

Un décret du 26 septembre 2019 est venu préciser la simplification annoncée par la loi relative aux procédures de recouvrement des petites créances et aux modalités de dénonce par mail des saisies bancaires réalisées par les huissiers de justice.

Un projet de décret est annoncé en novembre 2019 pour permettre la mise en application effective de la loi eu 1er janvier 2020 ; il concernera le déroulement de la procédure devant les juridictions transformées, et notamment les mentions de représentation des assignations.

La dispersion des décrets est dommageable à la bonne compréhension de la réforme.

Je vous propose d'aborder deux thèmes majeurs correspondant aux décrets déjà parus et à paraître :
- en premier lieu, l'organisation des juridictions civiles pour les décrets déjà parus (I) ;
- en second lieu, les modifications prévisibles du déroulement de la procédure civile pour les décrets à paraître (II).

I. L'organisation des juridictions civiles

En ce qui concerne l'organisation des juridictions, les décrets du 30 août 2019 et le décret du 18 septembre 2019, permettent d'éclairer d'une part, l'annonce de la spécialisation des tribunaux par la loi du 23 mars 2019 (A) et d'autre part, les contours de la fusion des tribunaux de grande instance et tribunaux d'instance, dans ce qui sera dorénavant appelé au 1er janvier 2020, le tribunal judiciaire (B). En effet, il faut rappeler que les décrets d'application entrent en vigueur au 1er janvier 2020.

A. LA SPÉCIALISATION DES TRIBUNAUX

Il est rappelé que la loi du 23 mars 2019 prévoit que s'il existe plusieurs tribunaux judiciaires dans un même département, ceux-ci pourront être spécialement désignés pour connaître seuls de certaines matières en tenant compte du volume des affaires concernées et de la technicité de ces matières.

1) Les matières « spécialisables »

Un des trois décrets du 30 août 2019 (n°2019-912) fixe les matières dites « spécialisables » et notamment :
- les actions relatives aux baux commerciaux fondés sur les articles L 145-1 al.145-60 du Code du Commerce ;
- les actions relatives aux préjudices écologiques ;

- les actions relatives aux procédures collectives, redressements et liquidations judiciaires ;
- les litiges relatifs aux transports de marchandises ;
- les actions en responsabilité médicale ;
- les actions en paiement, en garantie et en responsabilité liée à une opération de construction immobilière ;
- les actions relatives aux décisions d'assemblée générale de copropriété.

Ces exemples de matières « spécialisables » touchent directement les tribunaux de grande instance de Nice et de Grasse.

2) L'application aux Tribunaux de Nice et de Grasse

Toutefois, compte tenu de l'importance du volume d'activité de ces matières dans chaque tribunal du département, il ne semble pas pertinent à ce jour de spécialiser. Il est rappelé que la spécialisation ne peut se faire que sur proposition des chefs de Cours, et en l'espèce la Cour d'appel d'Aix-En-Provence, après avis des chefs de juridiction et des Conseils de juridiction auxquels participent les avocats.

C'est dire l'importance de l'appréhension de l'ensemble des professionnels du droit sur le volume des affaires et la technicité des matières qui peut amener à une spécialisation. Le débat sur la spécialisation au sein du département se fera peut-être ultérieurement. Les acteurs judiciaires sont déjà fort occupés à la mise en œuvre de la fusion des tribunaux de grande instance et tribunaux d'instance en un tribunal judiciaire, compte tenu du travail et de l'adaptation que cela va représenter pour les greffes, les juridictions, les avocats, et les huissiers de justice.

B. LA NAISSANCE DU TRIBUNAL JUDICIAIRE

1) Une juridiction unique à pôles multiples

Comme déjà indiqué, l'article 95 de la loi du 23 mars 2019 a créé le tribunal judiciaire par la fusion du tribunal de grande instance et du tribunal d'instance.

Plus précisément :
- lorsque le tribunal de grande instance et le tribunal d'instance sont situés dans la même ville, ils deviennent une juridiction unique située sur un ou plusieurs sites géographiques, dénommé tribunal judiciaire ;
- lorsque le tribunal d'instance n'est pas situé dans la même ville que le tribunal de grande instance, il devient une Chambre de proximité du tribunal judiciaire, dénommé tribunal de proximité, calqué sur les anciens tribunaux d'instance (ex. Menton) ;
- en outre, au sein du tribunal judiciaire, un ou plusieurs juges exerceront les fonctions des juges des contentieux de la protection (ex. Nice et Menton) ;
- enfin, le Président du tribunal judiciaire est compétent en matière de référé, de difficultés d'exécution, de procédure à jour fixe d'urgence et il va déléguer sa compétence auprès de juge dit spécialisé comme c'est le cas actuellement : JEX, JAF, REFERE.

Il faut noter que le greffe du Conseil des Prud'hommes est intégré au pôle social du Tribunal de Grande Instance depuis peu de temps et sera donc intégré au tribunal judiciaire au 1er janvier 2020.
Le Conseil de Prud'hommes, comme le tribunal de Commerce ou le Tribunal paritaire des Baux ruraux, reste une juridiction dite d'exception, hors tribunal judiciaire.

Hormis ces exceptions, l'idée est donc de créer une juridiction unique à l'intérieur de laquelle les compétences juridictionnelles ou de greffes sont décomposées en pôles de compétences (social, civil, pénal, proximité).

2) Le ressort du tribunal judiciaire, l'exemple niçois

Pour ce qui concerne Nice, le ressort du tribunal judiciaire de Nice correspond au ressort de l'ancien Tribunal de grande instance de Nice.
Il convient de noter que le ressort de la Chambre de proximité de Menton correspondra au ressort du tribunal d'instance de Menton, à savoir Beausoleil, Breil-Sur-Roya, Menton Est, Menton Ouest, Sospel, Tende et Villefranche-sur-Mer.

3) La compétence du tribunal judiciaire

En substance, le tribunal judiciaire a une compétence générale lorsqu'aucune autre juridiction n'est compétente.
Il a également une compétence pour :
- les actions en bornage,
- les actions liées aux funérailles,
- les contestations relatives à certaines servitudes,
- les actions personnelles ou mobilières,
- les actions liées à l'état des personnes (mariage, filiation, adoption),
- les actions immobilières pétitoires,
- les successions,
- les procédures collectives,
- les inscriptions de faux contre les actes authentiques,
- les actions liées aux élections professionnelles,

et ce en application des articles R 211-3 et suivants du Code de l'Organisation Judiciaire.

De manière générale, hors compétence particulière en dernier ressort, concernant notamment les litiges électoraux, le tribunal judiciaire statuera en dernier ressort pour les litiges dont le montant est inférieur ou égal à la somme de 5 000 €. Pour les litiges supérieurs à la somme de 5 000 €, l'appel sera ouvert.
Il reste à savoir si le Taux du ressort du Conseil de Prud'hommes, du tribunal de Commerce et du Tribunal paritaire des Baux ruraux demeurera à 4 000 euros.

4) La compétence de la Chambre de proximité

La Chambre de proximité ou tribunal de proximité se voit attribuer 66 chefs de compétence matérielle qui recoupent celles des tribunaux judiciaires outre les actions personnelles ou mobilières dont le montant est inférieur ou égal à la somme de 10 000 €.
La liste exhaustive des matières est déterminée par un des tableaux du décret 2019-914 du 30 août 2019.

5) La compétence du Juge du contentieux de la protection

Le Juge des contentieux de la protection exerce les fonctions de Juge des tutelles des majeurs.

Il connait également :

- des actions tendant à l'expulsion des personnes qui occupent aux fins d'habitation des immeubles bâtis sans droit, ni titre,
- des actions dont un contrat de louage d'immeubles à usage d'habitation est l'objet, la cause ou l'occasion,
- des actions relatives aux crédits à la consommation,
- des actions liées aux fichiers des incidents de paiements,
- des mesures de traitement des situations de surendettement.

Son champ de compétence est équivalent au champ de compétence du tribunal d'Instance.

II. Les modifications prévisibles du déroulement de la procédure civile

Certaines modifications du déroulement de la procédure civile sont inscrites dans la loi et les décrets d'application. Néanmoins, les modifications les plus importantes sont pour l'instant en gestation, dans le cadre d'un projet de décret modifiant une centaine d'articles du Code de Procédure Civile. Les articles visés dans le présent exposé sont des projets. Les modifications envisagées à chaque stade de la procédure, visent à la modernisation et à la simplification (A), ainsi qu'à la fluidification procédurale (B).

A. LA SIMPLIFICATION DU DÉROULEMENT DE LA PROCÉDURE

1) L'unification du mode de saisine

Le service d'accueil unique du justiciable, dit SAUJ, devient un véritable guichet unique au siège du tribunal judiciaire ou du Tribunal de Proximité.

Il permet au justiciable l'enrôlement de toute procédure qui ne serait pas engagée par un avocat.

Il est également prévu l'unification du mode de saisine par assignation ou par requête.
Le projet de décret pour la modification du Code de Procédure civile prévoit que la demande en justice est formée, tant pour la procédure orale que pour la procédure écrite, par assignation, requête, ou requête conjointe.
À noter que, la juridiction est saisie par l'enrôlement de l'assignation dans les deux mois de la communication de la date d'audience par la juridiction lorsque cette communication se fait par mail (projet 751-755 CPC).
Si l'intérêt du litige est inférieur ou égal à la somme de 5 000 €, la demande peut être formée par voie de requête (projet 750 CPC).

2) Les mentions de représentation

Les projets d'articles 54, 56, 753, 754, 762, 764 et 832 du CPC reprennent les modalités connues des assignations devant le Tribunal de Grande Instance et le tribunal d'Instance pour les transposer aux procédures avec ou sans représentation obligatoire d'avocat devant le tribunal judiciaire.
En substance, les mentions des assignations des Tribunaux Judicaire avec représentation obligatoire seront similaires à celles des anciens Tribunaux de Grande Instance et celles du Juge des Contentieux de la Protection seront similaires à celles de nos anciens tribunaux d'Instance.
Il faut noter quelques nouveautés :
- la mention de la chambre saisie, ce qui semble sous-entendre la chambre de proximité saisie (projet 56 CPC) ;
- le cas échéant, la volonté du demandeur d'être jugé sans audience (projet 753 et 754 CPC).
Les mentions sont toutes à peine de nullité.

3) La postulation d'avocat

La constitution d'avocat serait obligatoire pour les litiges supérieurs à la somme de 10 000 €, y compris devant le tribunal de commerce (sauf procédures collectives).

La constitution d'avocat ne serait pas obligatoire pour les litiges devant le Juge du contentieux de la protection et les litiges relatifs à l'expulsion.
Ainsi et par exemple, la constitution de l'avocat deviendrait obligatoire pour les révisions de prestation compensatoire, les procédures civiles fiscales et les expropriations.
Il s'agit des mesures qui étendent le champ d'intervention de l'avocat.

4) L'audience d'orientation devant le tribunal judiciaire

Dans le cadre de la procédure écrite devant le tribunal judiciaire, il serait prévu une première audience dite d'orientation aux termes de laquelle il est possible de plaider immédiatement, de prévoir une médiation, ou de déterminer un calendrier procédural (art. 776 à 779, CPC).
Cette audience vient se substituer à l'audience de conférence présidentielle qui permettait de renvoyer le dossier vers un circuit court ou long de procédure devant le Tribunal de Grande Instance.
Deux nouveautés sont notables lors de cette audience d'orientation :
- la possibilité de plaider immédiatement, pratique existante devant certaines chambres du Tribunal de Grande Instance par le dépôt du dossier de plaidoirie ;
- la possibilité de prévoir une médiation ou une procédure participative.

B. LA FLUIDIFICATION PROCÉDURALE

1) L'incompétence matérielle par mention au dossier

Le projet de décret prévoit un article 82-1 du Code de Procédure civile, aux termes duquel l'incompétence matérielle au sein du tribunal judiciaire entre ses « composantes », peut être réglée par simple mention au dossier et renvoi à la « composante » compétente.
Les parties auront trois mois pour contester cette mention au dossier, et il appartiendra au Président de trancher toute contestation.
Un appel ou l'ancien contredit ne pourra pas être formé sur la décision du Président.

L'appel est uniquement ouvert avec la décision qui sera rendue au fond ultérieurement.

2) La procédure sans audience

Tant pour les procédures orales qu'écrites, il est prévu la possibilité d'une procédure sans audience, à la demande et sur accord des parties (projet 753, 754 et 828 et suivants). Le but est clairement de fluidifier la procédure civile.

L'avocat n'en demeurera pas moins choqué d'une absence d'audience qui va renforcer le caractère écrit des procédures, même dans celles qui sont dénommées par le projet de décret « Procédure orale ». Il s'agit encore de l'éloignement du juge par rapport au justiciable et d'une certaine déshumanisation.

L'avocat serait-il devenu un simple gestionnaire de dossier papier ?
En tous les cas, plaider ou déposer, il faudra soumettre le cas au justiciable et il faudra choisir.

3) L'extension de compétence du Juge de la mise en état

Par ailleurs, la compétence du Juge de la mise en état serait étendue aux fins de non-recevoir par un projet d'article 789 Nouveau du Code de Procédure Civile.
Ce projet d'article prévoit que lorsque la fin de non-recevoir suppose que soit tranchée au préalable une question de fond, le Juge de la mise en état renvoie l'examen de cette fin de non-recevoir devant la Formation Collégiale de la mise en état de la Chambre à une audience dont il fixe la date par une décision insusceptible de recours.
Il s'agit d'une extension de la compétence matérielle du Juge de la mise en état qui permettra aux parties de ne pas attendre la fin de la procédure au fond pour voir trancher les fins de non-recevoir avec les questions de fond.

4) L'exécution provisoire de droit

Enfin, le projet d'article 514 du Code de Procédure Civile prévoit que les décisions de première instance sont exécutoires à titre provisoire. Ainsi, l'exécution provisoire devient de droit, sauf incompatibilité avec la nature de l'affaire ou conséquence manifestement excessive.

Le système de l'exécution provisoire se trouve donc inversé. Il n'est plus nécessaire de devoir motiver dans les assignations la demande d'exécution provisoire. La mesure semble destinée à rendre plus efficace l'exécution des décisions de justice. Elle va entraîner nécessairement une chute des appels puisqu'il est rappelé qu'à défaut d'exécution d'une décision exécutoire, l'appel peut faire l'objet d'une radiation lorsque l'appelant ne justifie pas d'avoir exécuté la décision frappée d'appel, avoir procéder à la consignation d'une somme équivalente ou de conséquence manifestement excessive de l'exécution ou de l'impossibilité d'exécuter la décision.

4) L'indemnisation des victimes

Le projet d'article 847 du Code de Procédure Civile annonce la fin des audiences sur intérêts civils des juridictions pénales.
Ces dernières procéderont, après jugement pénal, au renvoi de l'affaire à la juridiction civile pour l'indemnisation des préjudices des victimes.
Au regard de l'ensemble des modifications législatives et des projets de modification, il n'est pas certain que la procédure soit simplifiée.

Seule la dénomination de tribunal judiciaire amènerait le justiciable à comprendre qu'il n'existe qu'une seule juridiction avec un guichet unique.
Pour le reste, les règles resteront tout aussi complexes entre les composantes ou pôles multiples du tribunal judiciaire, le tout renforcé par le fait que chaque tribunal judiciaire pourra procéder à des délégations de compétence différentes.

L'EXPERT FACE À LA MÉDIATION JUDICIAIRE

Christian GUYON
Expert de justice
François TALON
Expert de justice et médiateur, Président de l'UCEJAM

L'expert face à la médiation judiciaire ou quelles stratégies peut développer l'expert face au développement de la médiation ?

Aborder la stratégie de l'expert face à la médiation impose de définir la notion de stratégie. Terme galvaudé, le terme stratégie est présentement employé dans un sens économique, c'est-à-dire la stratégie d'un agent économique. Ainsi, il peut être répondu à la question de la stratégie pouvant être développée par l'expert face au développement de la médiation, par une analogie militaire : la stratégie est une question de survie. Au minimum, il s'agit d'une survie dans un développement concurrentiel. Et si possible, il s'agit d'un développement. La question clé est alors de savoir en quoi l'agent économique peut être différent de la concurrence.

Les stratégies possibles dépendent fortement de la perception par l'expert du niveau de menace que pourra représenter le développement de la médiation.

Afin de déterminer les stratégies de l'expert par rapport à la médiation (II), un diagnostic de l'activité d'expertise judiciaire doit être mené au préalable (I).

I. Le diagnostic de l'activité d'expertise judiciaire

La médiation d'un point de vue judiciaire est une pratique relativement jeune, datant d'une vingtaine d'années. Elle s'est notamment développée sous l'influence de l'Europe. Dans la loi PRJ, trois mesures concernent la médiation : la généralisation du pouvoir d'injonction ; l'extension du préalable obligatoire et la création d'un système de certification des plateformes de résolution amiable en ligne des litiges.

Potentiellement, la médiation prend une place dans l'activité de l'expertise judiciaire. Ce mouvement peut s'inscrire dans une démarche d'analyse stratégique. Le domaine d'activité d'expertise judiciaire peut être distingué en une pluralité de forces.

Les utilisateurs des activités des experts sont une première force. Il s'agit des magistrats, des avocats et des parties notamment. Les utilisateurs peuvent penser que le coût des expertises est élevé, la médiation est alors une voie qui pourrait se développer sensiblement.

Les experts utilisent par ailleurs les services de fournisseurs. Il est à noter une spécificité : en devenant sapiteur, l'expert peut devenir fournisseur d'un autre expert conduisant l'expertise judiciaire. Concernant les fournisseurs, un point majeur est le renforcement de la communication électronique.

Dans cette activité d'expertise judiciaire, il existe de nouveaux entrants. Les médiateurs peuvent être considérés par les experts comme entrant sur le marché de l'expertise judiciaire. À cette fin, une convention pourrait être conclue afin d'institutionnaliser le recours à la médiation.

Enfin, les pouvoirs publics prennent place dans l'activité d'expertise judiciaire. Les pouvoirs publics ont une influence sur ce qui se passe à l'intérieur de ce marché de l'expertise judiciaire.
Ces dernières années, les pouvoirs publics développent de plus en plus la médiation. Particulièrement, l'article 23 du décret n° 2016-1480 du 2 novembre 2016 portant modification du code de justice administrative a modifié l'alinéa 2 de l'article R. 621-1 du dit Code afin de préciser que « *L'expert peut se voir confier une mission de médiation. Il peut également prendre l'initiative, avec l'accord des parties, d'une telle médiation.* »

II. Les stratégies de l'expert face à la médiation

La menace perçue par l'expert face à la médiation peut être graduée selon quatre modalités : la menace perçue comme nulle (A), faible (B), moyenne (C) ou forte (D).

A. LA MENACE PERÇUE COMME NULLE

L'expert de justice ne croît pas au développement de la médiation. Il se justifie en énonçant souvent des clichés dont nous énumérons les plus courants ci-après.

1) Premier cliché : « Ça fait 20 ans qu'on en parle et il ne se passe rien »

Il est vrai que la médiation a eu du mal à démarrer, alors qu'elle fonctionne très bien dans d'autres pays (États Unis, Canada, pays anglo-saxons).

Mais on sent bien aujourd'hui la volonté des pouvoirs publics de développer les médiations judiciaires.
En ce sens, l'action du législateur est de plus en plus forte, comme en atteste le décret n°2016-1480 du 2 novembre 2016 en matière d'expertise administrative, ou encore l'article 3 de la loi du 23 mars 2019.
En outre, cette impulsion nationale est relayée au niveau régional. À titre d'exemple, la Cour d'Appel d'Aix-en-Provence a fait de 2019 l'année de la médiation et elle pèse de tout son poids pour que les juridictions aillent dans le même sens.
Enfin de nombreux moyens sont mis en œuvre au niveau local. Ainsi, les TGI de Grasse et Nice ont mis en place des rencontres mensuelles animées par un médiateur, auxquelles les parties doivent assister, lorsque le juge estime que la médiation pourrait être une solution adaptée au litige. Naturellement, elles conservent la liberté de choisir ou non ce mode de règlement du différend.

2) Deuxième cliché : « Les magistrats et les avocats n'en veulent pas »

Le Magistrat ne voudrait pas de la médiation, car il perd son pouvoir de dire "la vérité". Le contentieux lui échappe.
L'Avocat n'en voudrait pas, car la procédure de médiation est plus rapide que l'expertise classique et par conséquent moins rémunératrice pour lui.

Cependant, avec la réduction des budgets de la justice et du nombre important de litiges à juger, les magistrats peuvent trouver un intérêt à ce que les litiges soient réglés par des médiateurs.
Pour l'avocat, c'est aussi une image de qualité du cabinet que de satisfaire son client en lui indiquant un mode rapide et moins onéreux pour solutionner le litige.

3) Troisième cliché : « La médiation concerne uniquement le domaine familial »

Il est vrai que la médiation est bien adaptée aux litiges familiaux (garde des enfants, visite des grands-parents, éducation des enfants …).
Elle porte en fait sur tous les litiges et elle est surtout adaptée chaque fois que les parties sont amenées à cohabiter ou à se rencontrer régulièrement, après le litige actuel.

Domaines où le recours à la médiation est le plus fréquent :

1/ Concurrence et respect des contrats :	42 %,
2/ Conflits sociaux, harcèlement :	21 %,
3/ Cession d'entreprise, garantie actif-passif :	16 %,
4/ Conflits associés :	7 %,
5/ Copropriété, liquidation patrimoine :	7 %,
6/ Marques brevets :	5 %,
7/ Divers :	2 %.

(source : statistique CMAP).

4) Quatrième cliché : « La médiation porte sur des petits litiges et c'est mal payé »

Il s'agit là vraiment d'une idée reçue, issue vraisemblablement des médiations appliquées au domaine familial, qui peuvent, en général, être résolues assez rapidement.
En revanche, l'expérience en médiation de François TALON, expert-comptable, dans le domaine financier démontre que ce mode de règlement des conflits peut être tout aussi rémunérateur qu'une expertise judiciaire classique. En voici deux exemples :

Premier exemple : Litige entre un centre commercial et les commerçants de la galerie marchande sur un problème de répartition de charges :

- ✓ 9 réunions,
- ✓ 62 heures,
- ✓ 6 200 € de rémunération : 62 h x 100 € = 6 200 € (plus débours).

Second exemple : Litige entre deux copropriétés imbriquées, à propos du mode de répartition des charges (15 ans de retard)

- ✓ 8 réunions, dont 2 avec un expert-géomètre près la Cour d'Appel d'Aix-en Provence,
- ✓ 42.50 heures,
- ✓ 4 675 € de rémunération (hors débours).

Barème proposé par le CMAP (CENTRE DE MÉDIATION ET ARBITRAGE DE PARIS), créé en 1995 par la CCI de Paris) :

- 150.00 € de l'heure (litige de 0 à 25 000 €),
- 187.50 € de l'heure (litige de 25 000 à 50 000 €),
- 350.00 € de l'heure (litige de 50 000 à 150 000 €),
- 700.00 € de l'heure (litige de 2 500 000 à 5 000 000 €).

(barème HT au 1er juin 2018).

Tarif AMM :

- 300 € par personne, pour 4 h de médiation,
- + 100 à 150 € par heure supplémentaire.

Coût de la médiation :

- Inférieur à 3 000 € : 30 %,
- Inférieur de 3 000 à 6 000 € : 44 %,
- Inférieur de 6 000 à 10 000 € : 16 %,
- Supérieur à 10 000 € : 10 %.

En conclusion, ne rien faire, c'est laisser à d'autres le soin d'occuper le terrain. Or, ils n'auront pas forcément la compétence technique pour aider à régler le litige, même si le médiateur n'est pas là pour proposer des solutions, mais permettre aux parties de les trouver.

Et qui de mieux qu'un expert pour aider les parties à trouver la solution à un litige technique ? Qui de mieux qu'un expert en bâtiment pour solutionner un litige de construction ? Qui de mieux qu'un expert en évaluation pour solutionner un problème de partage ? Qui de mieux qu'un expert-comptable pour solutionner un problème d'arrêté de compte ?

B. LA MENACE PERÇUE COMME FAIBLE

Dans cette stratégie, l'expert s'intéresse à la médiation et à son développement. Il peut fréquenter les réseaux où l'on parle de médiation. À titre d'exemple peut être citée l'association « ALPES MARITIMES MÉDIATION » créée par les avocats et les experts de justice (UCEJAM).

En conclusion, cette stratégie correspond en quelque sorte à de la « veille stratégique » ; l'expert suivra l'évolution du développement éventuel de la médiation, en identifiant les bonnes sources d'information et les contacts susceptibles de l'aider dans une phase ultérieure plus active.

C. LA MENACE PERÇUE COMME MOYENNE

S'il commence à croire au développement de la médiation, l'expert pourra choisir de se former légèrement sur le sujet, afin de mieux connaître les techniques à l'œuvre, y compris pour s'en servir dans ses missions d'expertise.

Dans les possibilités qu'offre la région PACA, nous pouvons citer une formation de 16 h proposée par l'UCECAAP avec le centre académique de rhétorique et de médiation appliquée, une formation de 16 h par l'UCEJAM sur les Alpes Maritimes, organisée avec « ALPES MARITIMES MÉDIATION ».

En conclusion, cette stratégie présente à la fois l'avantage d'introduire plus qu'avant l'expert dans le monde de la médiation, mais également de lui apporter un complément technique, utile dans sa pratique expertale (méthode d'écoute active, par exemple).

D. LA MENACE PERÇUE COMME FORTE

Si la menace est perçue comme forte, l'expert envisagera alors une formation lourde lui permettant de solliciter son inscription sur les listes de la Cour d'Appel (formation conforme aux normes de la FÉDÉRATION FRANÇAISE CENTRE MÉDIATION), soit 40 heures de formation de base, 160 heures d'approfondissement et 20 heures par an (10 heures de formation continue et 10 heures d'analyse des pratiques).

Cette formation permettra à l'expert d'être également désigné en tant que médiateur.

En conclusion, étant donné l'investissement tant financier qu'en termes de disponibilité, qu'implique cette stratégie, l'expert devra effectuer soigneusement son étude prospective, dans les spécialités qu'il pratique. Pour cela, il devra commencer par revisiter, de manière plus approfondie, l'analyse des forces, précédemment décrite, afin de calibrer aussi précisément que possible le risque que présente l'engagement dans cette stratégie.

SECONDE PARTIE

IMPACT DU NUMÉRIQUE SUR L'ORGANISATION ET LE FONCTIONNEMENT DU FUTUR PROCÈS CIVIL

LES ENJEUX DU NUMÉRIQUE

Michaël JANAS,
Président du Tribunal de grande instance de Grasse
Au 1er janvier 2020, Président du tribunal judiciaire de Grasse

Les mots employés afin d'évoquer la justice numérique sont généralement forts. À l'occasion de la restitution du *Rapport chantier de la justice Transformation numérique* la garde des Sceaux, Nicole Belloubet, a déclaré que « *la transformation numérique est le cœur du réacteur*»[52]. 538 millions d'euros ont été alloués à cette transformation numérique, 50 informaticiens ont été recrutés au sein du ministère de la Justice.

Avec une intensité accrue, la justice fait référence à de nouveaux termes liés aux nouvelles technologies. Ainsi sont employés les termes *legaltechs*, barreautechs, audience dématérialisée, ou encore digitalisation. Cette sémantique projette les différents acteurs de la justice au XXIIe siècle, voire dans un univers qui pourrait être tiré de la nouvelle de Philip K. Dick *Minority Report*[53]. La réalité est tout autre, car si la justice est en pointe en de nombreux domaines, d'autres ne sont pas à niveau.

Les enjeux de la justice numérique sont développés suivant deux axes. Le premier est relatif aux enjeux organisationnels d'une justice numérique en construction (1). Le second axe est dédié aux enjeux relatifs à la conciliation entre le numérique et les valeurs de la justice (2).

---

52 Min. justice, conf. Presse, 15 janv. 2018

53 Ph. K. Dick, *Minority Report*, Guallimard, Folio SF, 2002. Pour une analyse juridique de la nouvelle *Minority Report,* v. M.-C. Belleau, V. Bouchard et R. Johnson, « Droit, cinéma et doute : Rapport minoritaire », *Lex Electronica*, vol. 14, n° 1, 2009.

I. Les enjeux organisationnels d'une justice numérique en construction

Les enjeux concernant l'organisation sont de trois ordres.

Le premier enjeu est lié à l'existence, actuellement, de ce qui peut être nommé des "briques numériques". Ainsi, il existe une brique numérique entre les avocats et la juridiction. Une autre brique pouvant être citée est OPALEXE, il s'agit d'une brique numérique entre les experts, les parties et les juridictions. L'enjeu est d'utiliser ces briques afin d'en faire un mur ou un pont. En d'autres termes, il est nécessaire de donner de la cohérence afin que l'ensemble forme une chaîne. Un élément entrant doit se déployer de manière transversale. Il est nécessaire de sortir de la logique dite de tuyaux qui est une logique verticale. Une telle évolution est prévue, mais le chantier est immense. En matière civile, cette évolution est programmée *via* le projet PORTALIS, dont l'achèvement est prévu en 2022. *In fine*, l'ensemble devrait suivre une logique horizontale.

Le deuxième enjeu est lié à la nécessité d'utiliser le numérique de manière efficiente. À cette fin, la cohérence est de rigueur et les redondances doivent être évitées. Actuellement, et c'est une explication des disparités entre les juridictions, le numérique est une contrainte. Pour exemplifier, il convient de numériser le dossier, mais le dossier physique est présent, de même le dossier est envoyé par voie dématérialisée – quand c'est possible –, mais un dossier papier existe. Dès lors, dans un contexte où il manque de ressource humaine, le numérique s'ajoute alors qu'il devrait se retrancher.

Le troisième enjeu renvoie à la notion d'organisation numérique. La notion d'organisation numérique n'aura sens que lorsqu'il y aura la signature numérique. La signature numérique est une réalité dans le sens où elle existe, mais elle n'est pas pleinement efficiente. Ainsi, elle est mise en œuvre en matière commerciale. Des avancées sont donc à noter. Toutefois, l'ensemble des juridictions ne l'utilise pas encore.

Le numérique pose de nombreux enjeux. Ceux-ci doivent être relevés, car le numérique va emporter une révolution. Face à cette révolution, il sera nécessaire d'opérer des réorganisations qui engendreront une nécessité de former les agents. Ce qui est positif, c'est qu'en dépit des difficultés, les différents acteurs sont prêts à se former et à opérer la bascule vers le numérique. Mais dans cette révolution numérique, il convient de garder à l'esprit que le numérique doit demeurer un outil préservant les valeurs de la justice.

II. Les enjeux liés à la conciliation entre le numérique et les valeurs de la justice

Le numérique est un outil. Dès lors, ce qui est important ce n'est pas tant l'outil, mais ce qui est fait de l'outil. En d'autres termes, le numérique est un outil au service de la justice et non l'inverse. Cet outil numérique doit impérativement préserver les valeurs de la justice.

Concernant l'accès à la justice, le tout numérique n'est pas pleinement consacré. À l'international, l'exemple de l'Estonie, atteste d'une évolution vers le tout numérique où les algorithmes – pour certains litiges – décident. En France, si une telle utilisation du numérique pour rendre la justice n'existe pas, des avancés sont à noter. Ainsi, la procédure sans audience existe ; la juridiction des injonctions de payer arrive en 2022 ; la médiation *via* une plateforme numérique est possible. Ainsi, progressivement le numérique s'impose. Dans ce processus numérique, confrontée aux valeurs de la justice, la saisine de la juridiction est une difficulté. Sur ce point, le défenseur des droits a alerté les différents pouvoirs concernés en mettant en avant que 20% des Français n'ont pas d'ordinateur et 27% n'ont pas de *smartphones*. Dès lors, la saisine dématérialisée d'une juridiction pose un véritable problème d'accessibilité à la justice, d'accès humain à la justice.

Outre l'accès à la justice, les avancés du numérique ne doivent pas se réaliser au détriment des valeurs de la justice qui se retrouvent lors de l'audience. L'audience est marquée par un ensemble d'éléments : un lieu particulier, la présence des magistrats, des mots prononcés par les avocats, des émotions … et au final la décision. Le tout est important. Si demain l'ensemble se déroule derrière un ordinateur ; est-ce à dire que la dimension symbolique des lieux n'est pas importante, que plus largement les symboles de la justice sont dépassés ? Ces interrogations ne sous-tendent pas que la justice ne doit pas s'emparer du numérique.

Mais il est impératif que le numérique n'occulte pas le rituel judiciaire ou annihile la prise en compte des plus faibles. Particulièrement, la vocation de paix sociale de la justice doit être préservée.

Enfin, un autre enjeu est l'impact de l'utilisation du numérique sur la décision. Lorsque la décision intervient, tous les aspects du dossier sont examinés. Les algorithmes ont un fonctionnement différent, car ils sont fondés sur une statistique. Or, les cas hors statistiques ont des choses à faire valoir. Le législateur en a conscience, car des mécanismes dérogatoires sont mis en place. Et le Conseil constitutionnel a statué dans une décision du 12 juin 2018 en indiquant qu'il ne peut pas y avoir de décision dépendant exclusivement de la logique numérique[54]. Il y a un enjeu de sincérité et de transparence. De l'utilisation des algorithmes résulte une succession d'interrogations : celles du profilage des juges, de l'évolution de la jurisprudence, ou encore du juge qui risque de devenir le juge du grand nombre. Certes, le système n'est pas encore abouti, mais la responsabilité de chacun est de mettre en place un système conciliant les avantages du numérique tout en assumant les valeurs de la justice. Plus il y aura du numérique, plus il devra y avoir de l'humain !

---

[54] DC, 12 juin 2018, déc. n° 2018-765

LE PROJET PORTALIS ET LE SERVICE D'ACCUEIL UNIQUE DU JUSTICIABLE

Ludovic CHIVARD
Greffier au Tribunal de grande instance de Nice

La réforme de la justice, issue de la loi de programmation 2018-2022 et de réforme pour la justice et de la loi organique relative au renforcement de l'organisation des juridictions, entre en vigueur progressivement. Elle vise à offrir une justice plus lisible, plus accessible, plus rapide et plus efficace au service des justiciables, des citoyens et de ceux qui rendent la justice.

Cette réforme s'appuie sur les conclusions des Chantiers de la justice, vaste consultation lancée en octobre 2017 dans cinq domaines (la transformation numérique, l'amélioration et la simplification de la procédure pénale, l'amélioration et la simplification de la procédure civile, l'adaptation du réseau des juridictions, le sens et l'efficacité des peines) et sur une concertation avec les différents acteurs de justice.

Parmi les évolutions notables : la possibilité de porter plainte en ligne ; la création d'un parquet national antiterroriste ou encore une procédure plus simple et plus rapide en cas de divorce... Les lois justice prévoient également une nouvelle organisation judiciaire avec la création d'une entrée unique pour le justiciable : le tribunal judiciaire, à partir du 1er janvier 2020. La fusion des tribunaux tels qu'ils existent aujourd'hui (tribunaux d'instance et tribunaux de grande instance) interviendra sans qu'aucune structure ne ferme ou soit supprimée.

Pour mener à bien cette réforme, une transformation numérique s'opère afin de faciliter l'accès à la justice par les justiciables. Deux axes majeurs se dégagent. L'accessibilité physique par le biais du service unique d'accueil du justiciable (I) et l'accessibilité numérique via le projet PORTALIS (II).

I. Le service unique d'accueil du justiciable

Contexte et objectifs. Fruit de travaux menés dans le cadre des actions J21, le service unique d'accueil du justiciable (SAUJ) est consacré par la loi de modernisation de la justice du 21e siècle du 18 novembre 2016 pour répondre aux objectifs suivants : rendre la justice plus accessible, plus rapide et plus efficace. L'objectif majeur du SAUJ est de repenser l'accueil des justiciables, pour faciliter leurs démarches et améliorer l'information délivrée, afin de faire peser la complexité de l'organisation judiciaire non pas sur le justiciable, mais sur les juridictions elles-mêmes. À une présentation du SAUJ (A) suivra l'exposé du périmètre de compétence du SAUJ (B).

A. PRÉSENTATION DU SAUJ

Définition. Le SAUJ est un service d'accueil centralisé, gommant les frontières entre les tribunaux d'instance (TI)/ conseils de prud'hommes (CPH) et tribunaux de grande instance (TGI). Il s'agit d'un point d'accès polyvalent permettant aux justiciables d'être accueillis, orientés, informés sur les procédures judiciaires et renseignés sur les procédures les concernant. Le SAUJ est également un point d'entrée procédurale recevant certains actes concernant les procédures non urgentes et sans représentation d'avocat obligatoire.

Missions. Les missions du SAUJ sont plurales. Elles peuvent être regroupées en trois missions essentielles.

La première mission du SAUJ est une mission d'information générale, consistant à délivrer à tout justiciable des informations sur les procédures, d'une manière globale.

La deuxième mission est une mission d'information individuelle, consistante à délivrer au justiciable des informations précises quant aux procédures qui le concerne personnellement (date d'audience, de renvoi ou de délibéré par exemple).

La troisième mission du SAUJ est une mission de réception d'acte, consistant à réceptionner les demandes et pièces justificatives fournies par le justiciable, et à les transmettre à la juridiction compétente au sein de l'arrondissement judiciaire. L'objectif de la mission de prise d'acte est de permettre l'accomplissement d'actes de procédure relevant aujourd'hui de la compétence d'une juridiction, par le greffe d'une autre juridiction, située au sein du même arrondissement judiciaire, afin de simplifier les démarches du justiciable.

B. LE PÉRIMÈTRE DE COMPÉTENCE DU SAUJ

Compétence territoriale. Le périmètre de compétence territoriale du SAUJ est l'arrondissement judiciaire, ce qui correspond au ressort du tribunal de grande instance dans lequel le SAUJ est implanté. Ainsi, les agents du SAUJ sont compétents pour accomplir les diligences et actes de procédures pour le compte du TGI dans le ressort duquel le SAUJ est implanté, ainsi que pour tout TI ou CPH situé dans le même ressort. Les cours d'appel et tribunaux de commerce sont pour le moment exclus de la compétence du SAUJ.

Les SAUJ ne sont pas implantés dans les TI et CPH situés à proximité immédiate (moins d'un kilomètre de leur TGI de rattachement). Ces juridictions conservent donc leurs accueils traditionnels sans extension de périmètre. Leur participation à la mise en place des SAUJ de l'arrondissement est toutefois nécessaire pour la mutualisation des pratiques et des informations avec le SAUJ dont elles relèvent.

La compétence matérielle. La mission d'information générale concerne l'ensemble des procédures civiles, sociales et pénales.

La mission d'information particulière concerne les procédures relevant de la compétence des juridictions concernées par le SAUJ, à savoir les TGI, TI et CPH situés dans le ressort du TGI. Toutefois, lorsque l'applicatif de traitement des procédures ouvert à la consultation pour l'agent du SAUJ permet un accès aux informations au niveau national, les informations peuvent être délivrées.

La mission de réception d'acte est, quant à elle, précisément délimitée par le décret d'application de la loi de modernisation de la justice du 21e siècle, à savoir le décret n° 2017-897 du 9 mai 2017, qui a introduit dans le COJ l'article R. 123-28, qui liste limitativement les actes pouvant être réceptionnés au SAUJ dans le cadre de procédures non urgentes, sans représentation d'avocat obligatoire, et relevant de juridictions autres que celles où le service est implanté.

En matière civile et prud'homale, la réception et la transmission concernent les déclarations faites, remises ou adressées au greffe et des requêtes, à l'exclusion des requêtes en injonction de payer ; les oppositions à injonction de payer ; les demandes de délivrance de copies certifiées conformes, d'un extrait et d'une copie certifiée conforme revêtue de la formule exécutoire.

En matière pénale, la réception et la transmission concernent les plaintes déposées auprès du procureur de la République ; les demandes en consultation ou en exclusion du bulletin n°2 du casier judiciaire ; les requêtes en confusion de peines, en relèvement ou en rectification d'erreur matérielle ; les demandes de délivrance des copies de décisions pénales.

En toute matière sont concernées la réception et la transmission sans délai des demandes d'aide juridictionnelle.

Sont donc notamment exclues du périmètre de compétence du SAUJ, les procédures avec représentation d'avocat obligatoire (utilisation du RPVA) ; les procédures urgentes (référés, assignations à bref délai, contentieux en matière de funérailles…) ; les actes d'appel (pris par la cour d'appel) ; et toute autre demande non mentionnée explicitement dans le décret : les requêtes en injonction de payer, les demandes de certificats ou déclaration de nationalité française, les demandes de permis de visite, etc.

Les missions du SAUJ telles que prévues par le décret n°2017-897 du 9 mai 2017 constituent le socle minimal que les justiciables doivent pouvoir attendre des juridictions concernées.

Pour autant, le SAUJ ayant vocation à améliorer la qualité du service rendu au justiciable, il ne doit pas aboutir à une régression par rapport aux situations préexistantes au sein des juridictions. Ainsi, le « socle minimal » de compétence imposé par le décret peut être enrichi au niveau local pour tenir compte des compétences préalablement exercées à l'accueil des juridictions et dépassant les missions du SAUJ.

Un élargissement du périmètre de la prise d'acte interviendra ultérieurement, suite à la fusion des tribunaux d'instance et de grande instance en tribunaux judiciaire, pour tenir compte des montées en compétences des services et de l'amélioration progressive de la dématérialisation des procédures.

II. Le projet PORTALIS

Présentation générale. Le projet PORTALIS est la clé de voûte de la modernisation de la justice souhaitée par le ministère. En phase avec le projet gouvernemental Action Publique 2022 pour une transformation du service public, PORTALIS vise à la fois à améliorer la qualité de services pour les usagers et à offrir des conditions de travail modernisées pour les agents du greffe et magistrats.

À travers ses différentes étapes, le projet PORTALIS vise à une dématérialisation de bout en bout de la justice civile, c'est-à-dire depuis la saisine jusqu'à la notification de la décision. Orientée vers la justice civile, la justice pénale n'est concernée par le projet PORTALIS.

Par exemple, en libérant les services d'accueil d'une partie des activités répétitives (ex. : distribution de formulaires, information sur les dates de renvoi, etc.), le projet PORTALIS permet à ces derniers de disposer de davantage de temps pour communiquer aux justiciables des renseignements personnalisés. Déchargés des travaux de manutention (ex. : mise sous pli, archivage, reprographie, etc.), les agents du greffe pourront se recentrer sur la gestion des dossiers et des audiences.

En parallèle, les justiciables gagneront en autonomie grâce à un accès facilité au service public de la justice et la possibilité de suivre à distance le déroulement de leur affaire depuis leur espace personnel après avoir consenti à la communication par voie électronique.

Portails. Décomposé en plusieurs portails - le portail du Justiciable (A), le portail du SAUJ (B) et le portail des juridictions (C) - le projet PORTALIS apporte une transformation progressive de la justice.

A. LE PORTAIL DU JUSTICIABLE

Objectif. Le « Portail du justiciable » a pour objectif de permettre aux justiciables d'avoir accès à un espace sécurisé dans lequel ils pourront retrouver les informations relatives à leurs procédures en cours et télécharger leurs éditions (avis, convocations et récépissés envoyés par lettre simple ou recommandée sans AR). Ils recevront par ailleurs une alerte par courriel lors de toute mise à jour de leur dossier et un SMS de rappel leur sera adressé trois jours avant leur rendez-vous judiciaire.

Consentement. Pour pouvoir consulter les données de son dossier, le justiciable devra au préalable consentir à la communication par voie électronique au visa de l'article 748-8 du code de procédure civile. Le formulaire cerfa n°15414 de recueil de son consentement et sa notice sont disponibles sur justice.fr. Outre le consentement via internet, le justiciable pourra donner son consentement au greffe de la juridiction, soit au SAUJ, soit même lors d'une audience à représentation non obligatoire comme en matière de référés. Une fois son consentement donné, les informations essentielles enregistrées dans l'applicatif actuel sur sa procédure seront importées sur le « Portail du justiciable ».

Suivi de l'avancement de la procédure. Après avoir consenti à la dématérialisation, le justiciable peut consulter à distance l'état d'avancement de sa procédure en cours. Pour cela, il doit se connecter à son espace personnel via le site internet https://www.justice.fr/. Le « Portail du justiciable » s'affiche alors et propose au justiciable de s'authentifier via le site usagers FranceConnect. Ce site permet une reconnaissance par l'ensemble des services en ligne utilisant l'un des comptes du justiciable existants. Le justiciable n'a donc pas besoin de créer une nouvelle identité numérique. FranceConnect ne stocke pas les données personnelles.

Saisine en ligne. La seconde fonctionnalité du portail du justiciable réside dans la possibilité de saisir la justice en ligne. La possibilité est conférée au justiciable de saisir par voie dématérialisée les juridictions pour certaines procédures dites sans représentation obligatoire pour les personnes physiques, comme la protection des personnes majeures, et les constitutions de partie civile (en matière pénale). Est également concernée la transmission des pièces justificatives. Une phase pilote est lancée, en amont du déploiement de la saisine en ligne, sur 2 arrondissements judiciaires (Melun et Lille). À partir du T2 2020, un déploiement du module de saisine en ligne sur l'ensemble du territoire national par lots est prévu.

B. LE PORTAIL DU SAUJ

Le portail du SAUJ est un portail centralisant l'information sur les procédures civiles en France au service des SAUJ.

Le portail du SAUJ est accessible uniquement aux agents du SAUJ habilités. Les agents des SAUJ ont accès aux informations relatives à des procédures civiles enregistrées sur l'ensemble du territoire national, et peuvent ainsi renseigner le justiciable sur l'avancée de son dossier.

Le portail du SAUJ permet la consultation des données des procédures civiles. Il ne contient pas de fonctionnalités de saisie ni de données pénales.

C. LE PORTAIL DES JURIDICTIONS

Le portail des juridictions vise à créer une nouvelle façon de travailler et de s'organiser pour les juridictions, en favorisant l'harmonisation des pratiques de travail. Il sera d'abord déployé dans les conseils de prud'hommes, puis généralisé. Les professionnels du droit auront alors accès sur leur bureau virtuel métier à la liste des audiences, à la liste de liens vers des moyens documentaires, à la liste des dossiers en cours, au téléchargement sur leur poste de travail de trames, de notes d'information, et aux documents des affaires à traiter.

LES RÉFORMES DE LA COMMUNICATION PAR VOIE ÉLECTRONIQUE

Corinne BLERY
Professeur à l'Université Polytechnique Hauts-de-France (Valenciennes)

La communication par voie électronique (CPVE) est un sujet aussi vaste que technique, de sorte que tout ne sera pas évoqué : notamment je dirai seulement, à propos de la signification par voie électronique, que celle-ci va devenir obligatoire à l'égard de certaines personnes[55]. La CPVE, dans une version 1, a acquis une importance pratique considérable, tout spécialement devant les cours d'appel et les tribunaux de grande instance – demain les tribunaux judiciaires (au moins en procédure écrite ordinaire). Caractérisée par une démarche d'équivalence, elle est en passe d'être concurrencée par une version 2 ou cyberprocédure civile, propre aux cyberjuridictions ou juridictions plateformes[56]. L'article 748-3 a toujours été emblématique de la démarche par équivalence en ce qu'il prévoit un avis de réception envoyé par le destinataire d'une transmission effectuée par voie électronique (al. 1er) ; cet *« équivalent fonctionnel »*[57] remplace toute autre formalité, visa, cachet ou signature, qui serait prévue pour la communication papier (al. 3) – la transmission en plusieurs exemplaires et la restitution matérielle des actes et pièces transmis étant inutiles (al. 4). Le même texte est aussi devenu l'emblème de la cyberprocédure civile ; sans que soit remis en cause l'alinéa 1er, un tempérament pour les personnes morales de droit privé ou public (énumérées à l'article 692-1 du code de procédure civile[58]) est

---

[55] V. CPCE, art. L. 211-1-1, issu de la loi n° 2019-222, en matière de saisie-attribution, qui sera en vigueur au 1er janvier 2021 : « lorsque le tiers saisi est un établissement habilité par la loi à tenir des comptes de dépôt, les actes lui sont transmis par voie électronique ».

[56] C. Bléry et J.-P. Teboul, De la communication par voie électronique au code de cyber procédure civile, *JCP G* 2017, 665 et « Numérique et échanges procéduraux », *in Vers une procédure civile 2.0*, Dalloz – Collection Thèmes et commentaires, 2018, p. 7 s, n° 15 s.

[57] E. de Leiris, Rép. pr. civ., *v°* Communication électronique, sept. 2012 [actu. nov. 2018], n° 57.

[58] Créé par le décret n° 2015-282 du 11 mars 2015.

désormais prévu : lorsque les transmissions par voie électronique interviennent par l'intermédiaire d'une plateforme d'échanges dématérialisés, elles font l'objet d'un avis de *mise à disposition* adressé au destinataire à l'adresse qu'il aura choisie[59]. Le décret se détache ainsi de la règle de l'*équivalence fonctionnelle* qui avait inspiré l'article 748-3 alinéa 1er, tout en précisant que le nouvel avis de mise à disposition tient « lieu de visa, cachet et signature ou autre mention de réception »[60].

On peut voir les prémices de la CPVE version 2, notamment dans le Portail du justiciable, qui a déjà été présenté par Me Ludovic Chivard[61] et dans la juridiction nationale de l'injonction de payer dont Mme la professeure Natalie Fricero a parlé[62]. On peut aussi penser qu'est une plateforme, le « Tribunal digital » pour les tribunaux de commerce, adossé au système « Sécurigreffe » (A. 9 février 2016) et auquel MonIdenum permet de se connecter[63]. Je vais donc revenir sur la CPVE version 1, telle que modifiée par le pouvoir réglementaire et précisée par la jurisprudence, à un stade 1.15 ou 1.16 (1), avant d'évoquer la CPVE version 2, à son stade 2.0 (2).

---

[59] Précisons que, à l'exception de l'arrêté du 28 août 2012, portant application des dispositions du titre XXI du livre Ier du code de procédure civile aux huissiers de justice (art. 8), les arrêtés existant à ce jour ne comportant pas de notion d' « avis de mise à disposition », ils devront probablement être modifiés sur ce point. En outre, le terme de « mise à disposition » existe déjà dans le code de procédure civile : ainsi le jugement peut-il être prononcé par « mise à disposition au greffe » (CPC, art. 450) et répond à la même logique : il permet à chacun d'avoir accès à l'acte (il a ainsi été jugé que « l'article 450 du nouveau code de procédure civile, qui prévoit que le jugement pourra être prononcé par sa mise à disposition au greffe de la juridiction, n'est pas contraire [à l'article 6, § 1, d la Conv. EDH], dès lors qu'il permet à chacun, comme par l'effet d'une lecture en audience publique, d'avoir accès à la décision » : Civ. 1re, 6 déc. 2007, n° 06-15.258, P), si ce n'est que ces actes sont téléversés à un dossier dématérialisé. V. C. Bléry, T. Douville et J.-P. Teboul, « Nouveau décret de procédure civile : quelques briques pour une juridiction plateforme », *Dalloz actualité*, 24 mai 2019.

[60] Les articles 748-6 et 748-8, tels que modifié par le décret du 3 mai 2019, intègrent également la notion de « mise à disposition ».

[61] Cet ouvrage, p. 21.

[62] Cet ouvrage, p. 87.

[63] V. https://www.tribunaldigital.fr et C. Bléry et T. Douville, « Signature électronique des jugements des tribunaux de commerce : l'arrêté technique... », *Dalloz actualité*, 19 avr. 2019 ; « Securigreffe : l'identité numérique judiciaire opposable est née », *JCP* G 2016. 256 ; https://www.monidenum.fr: c'est un service d'authentification gratuit et sécurisé qui permet à toute personne ayant activé son identité numérique de s'authentifier sur les services digitaux partenaires.

Notons que les textes les plus récents mêlent les deux CPVE et – pire – s'éloignent même de la procédure civile, alors que, affirmions-nous, la communication par voie électronique, c'est *« de la procédure civile avant tout ! »*[64].

I. CPVE version 1

Le titre XXI du livre 1er du Code de procédure civile, en grande partie issu du décret n° 2005-1678 du 28 décembre 2005, est consacré à la communication par voie électronique. Ce titre, dont l'entrée en vigueur était prévue au 1er janvier 2009 – sous réserve d'application anticipée, a été retouché ou franchement modifié depuis (en 2008, 2009, 2015, 2018 et 2019) : la CPVE 1.0 a été déclinée en CPVE 1.1, 1.2…1.15 ou 1.16, autant de versions élargissant son périmètre d'intervention et ses modalités de mise en œuvre[65]. Le titre est aujourd'hui composé des articles 748-1 à 748-9, dans leur dernier état. Le titre prévoit en réalité un régime dual, avec un régime de droit commun (A) et un régime dérogatoire – qui appartient en partie à l'histoire du droit (B) ; le particularisme de ce dernier, fortement marqué de 2015 à 2019, est ainsi moindre depuis les modifications issues du décret du 3 mai 2019…

A. RÉGIME DE DROIT COMMUN

Les textes qui sont appliqués en pratique et/ou donnent lieu à de la jurisprudence sont les suivants[66] :

- l'article 748-1 envisage la transmission (envoi, remise, notifications) par voie électronique de tous les actes du procès, qu'il énumère : le principe étant qu'elles sont *permises*, dans

[64] C. Bléry et J.-P. Teboul, « La communication par voie électronique, de la procédure civile avant tout ! », *JCP* G 2012. 1189.
[65] Il n'est pas simple de numéroter les diverses déclinaisons… l'idée étant plutôt de monter que des évolutions ont eu lieu, comme en matière informatique.
[66] Les articles 748-4 (possibilité pour le juge d'exiger la production d'un document original établi sur support papier) et 748-5 (possibilité pour une partie de demander la délivrance sur support papier de l'expédition exécutoire de la décision juridictionnelle) ne semblent pas mis en œuvre.

les conditions posées par les articles suivants, et parfois *imposées* ;

- l'article 748-2, prévoit, en son alinéa 1er, le consentement *exprès* du destinataire à recevoir les actes par voie électronique, sous réserve – là encore – d'une communication par voie électronique imposée. L'alinéa 2[67] exclut la nécessité du consentement exprès pour les adhérents à un réseau de communication électronique « tel que défini par un arrêté pris en application de l'article 748-6 » : par exemple, pour les avocats, c'est l'adhésion au réseau privé virtuel des avocats (RPVA) qui vaut consentement au sens l'alinéa 1er, et qui est donc une sorte de « consentement exprès tacite »[68]...

- l'article 748-3 – je l'ai dit – prévoit un avis de réception électronique qui remplace toute autre formalité qui serait prévue pour la communication papier. Cet avis est très important, puisqu'il permet d'attester de la transmission de l'acte et permet à l'expéditeur d'établir la réception de l'acte ; il fait également, à lui seul courir des délais[69]. Ce texte a suscité une abondante jurisprudence, plutôt rassurante pour l'avocat et que l'on peut schématiser ainsi : *« avec l'avis de réception, tout est bon »*[70] ; inversement, en l'absence d'un tel avis, l'expéditeur d'une transmission par voie électronique doit « se faire du souci »[71] ;

[67] Ajouté par le décret du 11 mars 2015.

[68] C. Bléry, « La Cour de cassation valide le consentement exprès tacite », *JCP* 2013. Actu. 979.

[69] Civ. 2e, 21 janv. 2016, n° 14-29.207, P ; *Procédures* 2016. Comm. 151, 2), obs. Croze – *Adde*, E. de Leiris, sept. 2012 [actu. nov. 2018], n° 60.

[70] Civ. 2e, 7 janv. 2016, n° 14-28.887, P, *Dalloz actualité*, 26 janv. 2016, M. Khébir, « Portée du libellé du message RPVA ? », http://www.conseil-en-procedure.fr; *D.* 2016. 449, N. Fricero ; *Procédures* 2016. comm. 151, 1), H. Croze ; Civ. 2e, 21 févr. 2019, n° 18-10.907, NP, http://www.conseil-en-procedure.fr/preuve-de-la-remise-des-actes-de-procedure-par-voie-electronique/; Cass. 2e civ., 16 mai 2019, n° 18-13.796, NP.

[71] Pour des exemples, v. : Civ. 2e, 15 oct. 2015, n° 14-24.322, P, *Gaz. Pal.* 20-22 déc. 2015, p. 36, C. Bléry ; *Dalloz actualité,* 6 nov. 2015, M. Khébir ; *JCP* 2016. 81, Ph. Gerbay ; *Procédures* 2016. comm. 1, Hs. Croze ; Rép. pr. civ., v° *Communication électronique*, par E. de Leiris, sept. 2012 [actu. nov. 2018], n° 47. – *Adde* C. Bléry et J.-P. Teboul, « Une nouvelle ère pour la communication par voie

- l'article 748-6, alinéa 1er, fixe les conditions de régularité des échanges procéduraux, dès lors que la voie électronique est utilisée pour leur réalisation : plus précisément il fixe les garanties techniques, mais aussi le domaine de la CPVE, lorsqu'elle est facultative. Ainsi, outre qu'il faut les « tuyaux »[72] pour les transmissions dématérialisées, un « arrêté technique » – arrêté du garde des Sceaux – est nécessaire. Cette exigence est la « clé de voûte » du système 2005. Parmi ces arrêtés, il y a :
  - l'arrêté du 7 avril 2009, qui autorise la transmission par voie électronique de tous les actes visés à l'article 748-1 devant les tribunaux de grande instance, puis les tribunaux judiciaires[73] ;
  - l'arrêté du 5 mai 2010 applicable devant les cours d'appel en procédure sans représentation obligatoire : il permet la communication par voie électronique de certains actes *seulement* : la déclaration d'appel, la constitution d'avocat et les pièces associées. Ce caractère limitatif a posé des difficultés[74] ;
  - l'arrêté du 30 mars 2011 relatif aux procédures avec représentation obligatoire devant les cours d'appel. L'arrêté énumère des actes, mais pas tous les actes, susceptibles d'être transmis par voie électronique, ce qui — là aussi — a entraîné des hésitations[75] ;
  - les arrêtés du 21 juin 2013, portant communication par voie électronique entre les avocats et entre les avocats et la juridiction dans les procédures devant les tribunaux de commerce et du 9 février 2016, portant application des dispositions du titre XXI du livre Ier du Code de procédure civile aux greffiers des tribunaux de commerce (Sécurigreffe)

électronique », *in 40 ans après... Une nouvelle ère pour la procédure civile ?*, « Thèmes et commentaires », 2016, p. 31 s, n° 16.

[72] RPVA, RPVJ (réseau privé virtuel de la Justice), ...

[73] L'arrêté est consolidé en ce sens au 1er janvier 2020 : v. Dt n° 2019-966, 18 sept. 2019, art. 8.

[74] V. *infra*.

[75] V. *infra*.

L'alinéa 2 de l'article 486[76] pose la règle selon laquelle « l'identification vaut signature » : cette signature électronique, qui concerne aujourd'hui les professionnels (auxiliaires de justice, ministère public) et les « parties »[77] (justiciables non représentés ou assistés) est spécifique à la procédure civile. Autrement dit, ce n'est pas la signature prévue à l'article 1167 du Code civil[78] : des raisons techniques avaient justifié cette assimilation qui devait être transitoire et qui a finalement été codifiée, ce qui la pérennise...

- L'article 748-7 prévoit la prorogation du délai, lorsqu'un acte ne peut être transmis par voie électronique le dernier jour de celui-ci – ceci, en raison d'une cause étrangère[79] à celui qui accomplit l'acte : ce texte est général donc applicable y compris lorsque la CPVE est facultative[80].

Du fait des dispositions du code de procédure civile, des arrêtés techniques et de la jurisprudence, *la CPVE est, selon le cas, facultative, obligatoire ou interdite*[81] :

- elle est *facultative* devant la Cour de cassation, le tribunal de commerce, pour tous les actes visés à l'article 748-1. Elle est aussi facultative devant la cour d'appel, lorsque la procédure est sans représentation obligatoire. Dans ce cas – je l'ai dit – seuls certains actes sont alors éligibles à la communication par voie électronique du fait de l'arrêté du 5 mai 2010 : il a ainsi été jugé que la procédure d'expropriation est éligible à la communication par voie électronique, mais dans les limites de l'article 1er de l'arrêté technique ; de telle sorte que la remise

---

76 Ajouté par le décret n° 2018-1219 du 24 décembre 2018 et complété par le décret n° 2019-402 du 3 mai 2019.

77 C'est l'œuvre du décret du 3 mai 2019.

78 Et au décret n° 2017-1416 du 28 septembre 2017. Pour l'historique de ce texte, C. Bléry, « Cru 2018 : un petit Noël du procédurier », *Dalloz actualité*, 8 janv. 2019 et C. Bléry, T. Douville et J.-P. Teboul, « Nouveau décret de procédure civile : quelques briques pour une juridiction plateforme », préc.

79 V. *infra*.

80 Cass. 2e civ., 17 mai 2018, n° 17-20.001, P ; *Dalloz actualité*, 4 juin 2018, C. Bléry.

81 Sans parler des cas où elle est impossible, faute de tuyaux, mais cela ne pose pas de difficulté.

de la déclaration d'appel par voie électronique est valide, mais pas celle d'un mémoire en la matière[82] ;

- elle est *obligatoire* devant la cour d'appel : depuis 2013, l'article 930-1 rend obligatoire la remise des actes *au* greffe de la cour d'appel, et *par* ce greffe, par voie électronique — ceci à peine d'irrecevabilité et sauf cause étrangère, lorsque la représentation est obligatoire[83] et l'article 796-1[84], calqué sur l'article 930-1, en a fait autant pour la remise des actes de procédure par voie électronique *au* et *par* le tribunal de grande instance du 1er septembre 2019 au 31 décembre 2019 ; la règle est reconduite par l'article 850[85], issu du décret n° 2019-1333 du 11 décembre 2019, de réforme de la procédure civile, à compter du 1er janvier 2020, en procédure écrite ordinaire (PEO), sauf requête aux fins d'assigner à jour fixe. Or, la Cour de cassation a estimé que certaines transmissions, non visées par l'arrêté technique du 30 mars 2011, pris pour l'application de l'article 930-1, dans la procédure d'appel lorsque la représentation est obligatoire devaient être accomplies par voie électronique : ainsi de la saisine de la cour par voie électronique en cas de renvoi après cassation[86], du déféré[87] ;

- elle est *interdite*, malgré l'existence de « tuyaux » dans certains cas. Je l'ai dit, la transmission des actes non visés à l'arrêté technique du 5 mai 2010, ainsi des mémoires en matière d'expropriation est nécessairement sur support papier, à la différence de la déclaration d'appel[88] ; de la même manière, des conclusions ne pourraient être transmises par voie

---

[82] Civ. 2e, 10 nov. 2016, nos 15-25.431 et 14-25.631, P ; *D.* 2016. 2502, C. Bléry ; *D.* 2017. 607, E. de Leiris ; et, sur le premier, *Dalloz actualité,* 1er déc. 2016, R. Laffly. – V. aussi Civ. 2e, 19 oct. 2017, no 16-24.234, *D.* 2017. 2353, C. Bléry, *Dalloz actualité*, 7 nov. 2017, C. Bléry.

[83] Représentation obligatoire par avocat, à l'exclusion du défenseur syndical en matière prud'homale : CPC, art. 930-2 et 3.

[84] Issu du décret n° 2017-892 du 6 mai 2017.

[85] Selon la numérotation du projet de décret.

[86] Civ. 2e, 1er déc. 2016, no 15-25.972, P ; *Dalloz actualité*, 14 déc. 2016, C. Bléry ; *D.* 2017. 607, E. de Leiris – Civ. 2e, 17 mai 2018, no 17-15.319, NP.

[87] Civ. 2e, 26 janv. 2017, no 15-28.325, NP ; *Procédures* 2017. comm. 57, H. Croze – Civ. 2e, 1er juin 2017, no 16-18.361, P ; *Gaz. Pal.* 31 oct. 2017, p. 70, C. Bléry.

[88] V. *supra*.

électronique. La Cour de cassation a en revanche fait preuve d'une étonnante souplesse en faisant jouer l'arrêté là où on ne l'aurait pas forcément pensé, ainsi à propos du recours formé contre une décision du directeur général de l'INPI en application de l'article R. 411-21 du code de la propriété intellectuelle[89]. La Cour de cassation a encore précisé que certaines procédures « autonomes », qui relèvent du premier président de la cour d'appel – juridiction au sein de la juridiction – sont exclues de la communication par voie électronique : dès lors, une requête en récusation ou une requête aux fins d'assigner à jour fixe, adressée au premier président par le réseau RPVA, est irrecevable… contrairement à l' « adage » que je voudrais instituer et selon lequel *« dès lors qu'il y a les "tuyaux", il y a le droit ».*

- Une question peut se poser. Il avait été jugé, lorsque la CPVE était facultative devant le tribunal de grande instance, que cette solution s'appliquait y compris devant le juge de l'exécution et le juge aux affaires familiales, « englobés » dans le TGI[90]. Qu'en a-t-il été pour le TGI à partir du 1er septembre 2019 – et *quid* pour le tribunal judiciaire à compte u 1er janvier 2020 ? Ces juges – et le président – demeurent-ils donc éligibles à la communication par voie électronique ? Il semblerait que oui, compte tenu de l'existence d'un seul arrêté technique… qui est adapté au TJ[91]. Dès lors, celle-ci est-elle obligatoire ou facultative ?

Une notion est devenue fondamentale, à savoir celle de *cause étrangère*. C'est le cas essentiellement en CPVE obligatoire, où une telle cause étrangère autorise le retour au papier – c'est-à-dire une remise ou un envoi par LRAR[92] – de l'acte concerné, au greffe par

---

[89] Com, 13 mars 2019, n° 17.10861, F-P+B et Civ. 2e, 18 oct. 2018, n° 17.10861, FS-D, *Dalloz actualité*, 28 mars 2019, C. Bléry.

[90] En effet de manière qui nous semble juste, la Cour de cassation a considéré, le 1er mars 2018 (Civ. 2e, 1er mars 2018, n° 16-25.462, F-P+B), que le juge de l'exécution est « englobé » dans le tribunal de grande instance (saisies-immobilières, mais aussi en cas de dispense), ce qu'elle avait implicitement jugé, le 15 octobre 2015 (Civ. 2e, 15 oct. 2015, n° 154-22.355, NP).

[91] V. *supra* (dt n° 2019-966, 18 sept. 2019, art. 8).

[92] Cette seconde voie n'est ouverte que depuis le décret n° 2017-891 du 6 mais 2017.

l'avocat ou *vice versa*. Des arrêts marquants ont été rendus à propos de cette notion, sur laquelle le code est muet : il a, par exemple, été jugé que le retard dans l'installation du raccordement du cabinet de l'avocat au RPVA, par la faute de e-barreau, est constitutif d'une telle cause[93], mais pas le défaut de raccordement, visiblement non sollicité[94] ! Alors que « les règles de la postulation prévues aux articles 5 et 5-1 de la loi n° 71-1130 du 31 décembre 1971 modifiée ne s'appliquent pas devant les cours d'appel statuant en matière prud'homale, consécutivement à la mise en place de la procédure avec représentation obligatoire »[95], le RPVA ne fonctionne actuellement qu'au sein d'une cour d'appel, donc un avocat extérieur ne peut se connecter[96] : mettant fin à une divergence jurisprudentielle, la Cour de cassation a admis que cette territorialité *dématérialisée technique*[97] s'analyse en une cause étrangère visée à l'article 930-1[98]. Elle a aussi jugé que l'impossibilité de remettre des conclusions par voie électronique, en raison de leur poids, était une telle cause étrangère… Étant précisé que « conformément au droit commun de la preuve, il incombe à la partie qui estime avoir été confrontée à une cause étrangère d'en rapporter la preuve, laquelle n'est soumise à aucun régime particulier, s'agissant d'un fait juridique qui peut être établi par tout moyen »[99] et qu'il n'est nul besoin d'être *« à bout de délai »*, pour pouvoir recourir au papier si la voie électronique ne fonctionne pas[100].

---

[93] Civ. 2e, 15 mai 2014, nº 13-16.132, NP.

[94] Civ. 2e, 5 janv. 2017, nº 15-28.847, NP, Procédures 2017, comm. 56, obs. H. Croze.

[95] Avis, 5 mai 2017, n° 17-70005, P. – V. aussi un autre avis (n° 17-70.004), rendu le même jour en termes identiques, *Dalloz actualité*,10 mai 2017, C. Bléry.

[96] V. http://www.avocatparis.org/du-nouveau-en-matiere-de-representation-et-de-postulation-devant-la-chambre-sociale-de-la-cour.

[97] V. déjà, *Dalloz actualité*, 6 févr. 2017, nos obs.

[98] Civ. 2e, 6 sept. 2018, n° 17-18.698, NP, *Gaz. Pal.* 27 nov. 2018, p. 73, C. Bléry et Civ. 2e, 6 sept. 2018, n° 17-18.728, NP, *Gaz. Pal.* 27 nov. 2018, p. 75, V. Orif.

[99] L. Gallet et E. de Leiris, *La procédure civile devant la cour d'appel*, LexisNexis, 4e éd. 2018, n° 505. – Civ. 2e, 2 juin 2016, n° 15-18.041, NP.

[100] Civ. 2e, 6 sept. 2018, nº 16-14.056, F-P+B, *Dalloz actualité*, 11 sept. 2018, C. Bléry : « il résulte de l'article 930-1 du code de procédure civile, régissant la procédure avec représentation obligatoire devant la cour d'appel, que la partie qui n'a pas pu transmettre un acte par la voie électronique à la cour d'appel pour une cause qui lui est étrangère peut remettre cet acte sur support papier au greffe sans attendre l'expiration du délai qui lui est, le cas échéant, accordé pour accomplir la diligence considérée ».

Par ailleurs, la question s'est posée de la nature de la sanction dans l'hypothèse où un acte doit être transmis par voie électronique et l'est par voie papier (hors hypothèse d'une cause étrangère) ou si un acte ne peut pas être communiqué par voie électronique (faute d'arrêté technique l'autorisant) et qu'il emprunte pourtant cette voie. Le Code de procédure civile n'apporte qu'en partie la réponse : ainsi l'alinéa 1er de l'article 930-1 dispose-t-il que « à peine d'irrecevabilité relevée d'office, les actes de procédure sont remis à la juridiction par voie électronique ». La remise par voie papier de la déclaration d'appel, des conclusions… lorsque la représentation est obligatoire, est donc sanctionnée par une fin de non-recevoir, sauf cause étrangère[101]. L'article 796-1, I a prévu la même disposition devant les tribunaux de grande instance, du 1er septembre au 31 décembre 2019 et l'article 850, I reconduit la règle devant les tribunaux judiciaires, en procédure écrite ordinaire, à compter du 1er janvier 2020. La jurisprudence a été amenée à prendre position dans d'autres hypothèses :

- dans les relations entre avocats et juridictions, la Cour de cassation a statué en faveur de la fin de non-recevoir ou de l'absence de saisine : ainsi, pour une remise de conclusions au greffe de la cour d'appel par voie électronique, irrecevable alors que ce n'était pas encore autorisé par un arrêté technique[102], pour la remise par RPVA d'un mémoire dans une procédure d'expropriation, ne saisissant pas la cour d'appel faute d'entrer dans la liste des actes visés par l'arrêté technique du 5 mai 2010[103], pour la remise d'actes dématérialisés dans des procédures autonomes irrecevables, car non éligibles à la CPVE selon la Haute juridiction[104], sur support papier. C'est encore la fin de non-recevoir qui sanctionne des remises « papier » alors qu'elles auraient dû être dématérialisées[105] ;
- dans les relations entre auxiliaires de justice, la deuxième chambre civile a opté pour la nullité pour vice de forme…

---

101 Et sauf article 930-2 relatif au défenseur syndical (v. *supra*).

102 Civ. 2e, 24 sept. 2015, n° 13-28.017, P ; *RLDC* 2015/131, n° 6021, p. 60, C. Bléry ; *JCP* 2015. 1278, note Fricero – *Adde,* Rép. pr. civ., v° *Communication électronique*, par E. de Leiris, sept. 2012 [actu. nov. 2018], n° 32.

103 V. Civ. 2e, 10 nov. 2016, nos 15-25.431 et 14-25.631, P, préc.

104 Civ. 2e, 6 juill. 2017, n° 17-01.695, P, *Gaz. Pal.* 31 oct. 2017, p. 61, C. Bléry ; *Dalloz actualité*, 20 juill. 2017, M. Kébir.

105 Civ. 2e, 27 juin 2019, n° 18-12615, F-P+B+I ; *Dalloz actualité*, 22 juill. 2019, R. Laffly.

qu'il n'y a pas lieu de prononcer en l'absence de grief démontré : ainsi d'une transmission par voie électronique prématurée, faute d'arrêté technique le permettant devant la cour d'appel[106] ou de la notification de conclusions entre avocats « par courrier électronique, sans emprunter le réseau privé virtuel des avocats »[107].

En revanche, de manière générale, la Cour de cassation veille à ce que la dématérialisation n'ait pas pour conséquence d'ajouter un formalisme non prévu dans les textes[108]. En particulier un tel formalisme ne peut être imposé par un protocole de procédure ; dépourvue de valeur, une telle convention ne peut pas davantage exclure la communication par voie électronique là où les textes l'autorisent[109].

---

[106] Civ. 2e, 16 oct. 2014, n° 13-17.999, P, *JCP* 2014. 1331, C. Bléry et J.-P. Teboul ; *D.* 2015. 517, E. de Leiris ; *Procédures* 2015. comm. 1, H. Croze. L'arrêt du 16 octobre 2014 a constitué « *un revirement de jurisprudence et la proclamation d'un nouveau cas de formalité substantielle : le non-respect de l'article 673.*

[107] Civ. 1re, 15 mai 2019, n° 17-20.072, NP, *Gaz. Pal.* 23 juill. 2019, p. 56, C. Bléry.

[108] Civ. 2e, 7 sept. 2017, nos 16-21.756 et 16-21.762, P ; *Dalloz actualité,* 19 sept. 2017, note Bléry ; *JCP* 2017. 1154, obs. Lafly ; *Procédures* 2017. comm. 257, H. Croze ; *D.* 2018. 692, n° 11, N. Fricero – *Adde* L. Gallet et E. de Leiris, *La procédure civile devant la cour d'appel*, 4e éd., LexisNexis, 2018, n° 501.

[109] v. Civ. 2e, 19 oct. 2017, n° 16-24.234, P ; D. 2017. 2353, note Bléry ; Dalloz actualité, 7 nov. 2017, C. Bléry ; E. de Leiris, « La dématérialisation, un outil de régulation ? », in L. Flise et E. Jeuland (dir.), Les instruments procéduraux de régulation des flux, IRJS, 2018, p. 29 s., spéct p. 33. Civ. 2e, 1er mars 2018, n° 16-25.462, P ; Dalloz actualité, 13 mars 2018, C. Bléry ; JCP 2018. 514, note Raschel. Civ. 2e, 26 sept. 2019, n° 18-14.708, P ; Dalloz actualité, 2 oct. 2019, C. Bléry.

B. RÉGIME DÉROGATOIRE

Le décret du 11 mars 2015[110] avait ajouté deux nouveaux articles 748-8 et 748-9, ce dernier texte étant lié à l'article 692-1 également créé par le décret. Ce faisant, le décret avait bouleversé le titre XXI d'origine, introduisant une nouvelle ère pour la procédure civile, à compter du 15 mars 2015, l'évolution résultant de ce texte s'étant faite dans le sens d'un allégement des exigences réglementaires, de telle sorte que *le régime de la CPVE est devenu dual, nécessitant ou non la publication d'un arrêté technique*. En effet, dérogeant à l'article 748-6, les articles 748-8 et 748-9 - d'ailleurs introduits par : *« par dérogation »*, n'appelaient plus d'arrêté technique. Et, à la différence de l'article 748-6 qui organise techniquement la confidentialité des transmissions par voie électronique via RPVA, RPVJ, RPSH,... l'article 748-8 ne s'en préoccupait absolument pas. De son côté, l'article 748-9 évoquait les « conditions assurant la confidentialité des informations transmises »... sans autre précision.

Ces deux articles dérogeaient également au régime général d'origine, en ce qu'ils ont permis une communication par courriels ou textos. Ces textes ne concernaient toutefois que certains actes et non tous ceux visés à l'article 748-1. Ainsi, seuls les *« avis »* dont la communication était prévue *« par tout moyen »* étaient éligibles aux courriels et textos (art. 748-8). De même, seules les *« convocations »* adressées par le greffe à certaines personnes déterminées – à savoir les personnes morales de droit privé, les administrations de l'État, les collectivités territoriales, les établissements publics à caractère administratif, les organismes de sécurité sociale et les autres organismes chargés de la gestion d'un service public administratif – étaient éligibles aux courriels (art. 748-9 et 692-1). Pour ces transmissions, il était prévu un consentement exprès, spécifique, toujours révocable. L'article 748-8 le prévoyait pour les avis transmis

---

[110] C. Bléry et J.-P. Teboul, « Une nouvelle ère pour la procédure civile. À propos du décret n° 2015-282 du 11 mars 2015 », *Gaz. Pal.* 27-28 mars 2015, p. 6 ; « Une nouvelle ère pour la communication par voie électronique », *in 40 ans après... Une nouvelle ère pour la procédure civile ?,* préc., n°s 18 s. – Y. Strickler, *Procédures* 2015. Étude 6 – S. Amrani-Mekki, « L'ambition procédurale du décret n° 2015-282 du 11 mars 2015 », *Gaz. Pal.* 14-16 juin 2015, p. 3 – Rép. pr. civ., v° *Communication électronique*, par E. de Leiris, sept. 2012 [actu. nov. 2018], n°s 122.

par textos ou courriels. Quel que soit le destinataire, il devait donc consentir à l'utilisation de la voie électronique ou du message écrit transmis au numéro de téléphone. La déclaration d'adresse ou de numéro de téléphone devait être préalable, viser spécialement l'instance en cours, à charge pour le déclarant de signaler toute modification de ses coordonnées déclarées. Les articles 692-1 et 748-9, à combiner, prévoyaient que les personnes morales énumérées à cet article pouvaient consentir préalablement à recevoir des convocations par tous moyens (art. 692-1), notamment par courriels (art. 748-9).

Le décret du 3 mai 2019 a élargi le champ d'application de l'article 748-9 en visant désormais *les avis, convocations et récépissés prévus pour être transmis par tous moyens, par lettre simple, par lettre recommandée sans avis de réception.* Par dérogation au droit commun de la communication par voie électronique des articles 748-1 à 748-7, et pour les seules personnes morales « 692-1 », ces actes peuvent leur être adressés par courrier électronique, sous réserve de leur consentement préalable. Mais la coordination 692-1/748-9, déjà peu évidente en 2015 devient problématique : l'article 692-1 n'a pas été modifié en 2019 et ne mentionne que les convocations… En cas d'utilisation d'une plateforme d'échanges dématérialisés (CPC, art. 748-3 al. 2), l'intérêt du courrier électronique apparaît des plus limité. Mais, surtout, l'article 748-8 a été profondément modifié par le décret du 3 mai 2019. Il aura eu – dans sa mouture 2015 – une existence plutôt éphémère. Sa mouture 2019 le fait « basculer » dans le 2.0…

II. CPVE 2.0

La CPVE version 2 est donc une cyberprocédure civile propre aux « cyberjuridictions » – « juridictions plateformes » ou « tribunaux 2.0 ». Notons que, curieusement, la notion de plateforme d'échanges dématérialisés n'est définie par aucun texte, ni par une loi, ni par un décret. On pouvait penser qu'elle serait précisée dans des arrêtés techniques[111]. Or ceux-ci sèment plutôt la confusion, mêlant

[111] C. Bléry, T. Douville et J.-P. Teboul, « Nouveau décret de procédure civile : quelques briques pour une juridiction plateforme », préc.

les notions de plateforme, traitements automatisés, sites internet[112]… Il est toutefois possible de se référer aux propos du candidat élu à la présidence de la République : il affirmait que le numérique permet *« un procès dont le cœur est constitué d'un dossier numérique, qui naît et évolue au moyen d'une procédure qui organise les droits d'accès des acteurs au dossier, droit d'accès incluant les différents niveaux juridictionnels »*[113]. Dès lors, il y a tout lieu de penser que le « Portail du justiciable », institué par le décret du 3, mais 2019, est une plateforme à la fonction limitée. Il semble qu'une plateforme puisse aussi avoir une fonction d'échanges, ainsi qu'il résulte de deux arrêtés du 24 octobre 2019[114] : l'un autorise la mise en œuvre d'un traitement automatisé de données personnelles dénommé « PLINE » (pour Plateforme d'échanges INterne État) et « PLEX » (pour PLateforme d'échanges Externe), l'autre est relatif aux caractéristiques techniques de la communication par voie électronique via la plateforme sécurisée d'échange de fichiers « PLINE » et « PLEX ». Il en est de même du tribunal (de commerce) digital[115]. Ces plateformes, qui mettent en œuvre des dispositions de cyberprocédure civile, sont déjà en vigueur (A). Par ailleurs, poursuivant le chantier de la justice, la loi de programmation 2018-2022 et de réforme pour la Justice[116] a mis en œuvre un certain nombre des préconisations émises par les groupes de travail, dont celles relatives à des tribunaux plateforme : les rapports sur l'amélioration et la simplification de la procédure civile (rapport Molfessis-Agostini)[117] et sur la

---

[112] V. *infra*. – *Adde* C. Bléry, « Portail du justiciable : complexité juridique mais faible avancée technique », Dalloz actualité, 17 juill. 2019 ; C. Bléry et J.-P. Teboul, « PLINE et PLEX ou les mystères de la nouvelle “communication par voie électronique”… », *Dalloz actualité,* 18 nov. 2019.

[113] V. E. Macron, « Une justice pour notre temps », *Gaz. Pal.* 14 mars 2017, p. 16 – V. aussi, O. Dufour, « Justice : il faut hâter la révolution numérique ! », *Gaz. Pal.* 25 avr. 2017, p. 5.

[114] V. JO, 3 nov. 2019.

[115] V. *supra*.

[116] L. nº 2019-222, 23 mars 2019, de programmation 2018-2022 et de réforme pour la justice, *JO* 24 mars, texte nº 2 – Sur le projet de loi, v. l'entretien avec le directeur des affaires civiles et du Sceau : T. Andrieu, *Dalloz actualité*, 24 avr. 2018.

[117] N. Molfessis et F. Agostini, *Chantiers de la justice. Amélioration et simplification de la procédure civile*, Ministère de la Justice, 2018 – Sur lequel, v. C. Bléry, « Amélioration et simplification de la procédure civile : du bon et du moins bon », *Dalloz actualité*, dossier, 7 févr. 2018 – C. Brenner, « La réforme de la procédure civile : un chantier de démolition ? », *D.* 2018. 361 ; « Réformer la justice civile », *JCP* 26 mars 2018, suppl. au nº 13.

transformation numérique (rapport Beynel-Casas)[118] reprenaient en effet cette idée[119]. Le PLPRJ initial posait les fondements d'une procédure dématérialisée pour les petits litiges (dont le seuil devait être fixé par voie réglementaire) et instituait le traitement dématérialisé des injonctions de payer par un tribunal de grande instance[120] à compétence nationale. Des modifications sont intervenues au fil des débats et votes, mais le principe de ces deux innovations a été maintenu ; elles seront effectives à une date fixée par décret et, au plus tard, le 1er janvier 2022 (petits litiges) et le 1er janvier 2021 (injonctions de payer) (B).

A. PLATEFORMES EN VIGUEUR AUJOURD'HUI

Le décret du 3 mai 2019 a – je l'ai dit – fait subir une modification très importante à l'article 748-8. L'article ne réglemente plus les courriels et les textos transmettant des avis. Complété par deux arrêtés techniques des 6 et 28 mai 2019, il régit désormais le « Portail du justiciable »[121]. Celui-ci est défini comme « une application fondée sur une communication par voie électronique des informations relatives à l'état d'avancement des procédures civiles utilisant le réseau internet » (A. 6 mai 2019, art. 1er), « un système d'information fondé sur les procédés techniques d'envoi automatisé de données et d'éditions » (A. 6 mai 2019, art. 2. – V. aussi A. 28 mai 2019, art. 1er). Ce Portail concerne les justiciables des juridictions judiciaires à l'exclusion de ceux des tribunaux de commerce[122] et de la Cour de cassation : c'est ainsi qu'« il permet la communication par voie électronique au justiciable des avis, convocations et récépissés émis par le greffe d'un tribunal d'instance, d'un tribunal paritaire des baux ruraux, d'un

---

[118] J.-F. Beynel et D. Casas, *Chantiers de la justice. Transformation numérique*, Ministère de la Justice, 2018 – Sur lequel, v. M. Babonneau, *Dalloz actualité*, 16 janv. 2018 – B. Deffains et J.-B. Thierry, « Transformation numérique – Pourquoi la fin doit justifier les moyens », *JCP* 2018, n° 133.

[119] Sur lesquelles, v. C. Bléry, *Dalloz actualité*, 27-29 mars 2018 ; *D. avocats* 2018, p. 188 s.

[120] Les articles concernés évoquaient le tribunal de grande instance et non le tribunal judiciaire.

[121] V. C. Bléry, T. Douville et J.-P. Teboul, Dalloz actualité, 24 mai 2019, préc. C. Bléry, « Portail du justiciable : complexité juridique mais faible avancée technique », préc. - *Adde* L. Chivard, contribution préc.

[122] Disposant de leur propre « tribunal digital » : v. *supra*.

tribunal de grande instance, d'un conseil de prud'hommes ou d'une cour d'appel dans les conditions fixées par le présent arrêté »[123].

Le Portail ne permet qu'une « CPVE » assez limitée, à but essentiellement informatif pour le justiciable qui ne peut, notamment, notifier lui-même des actes de procédure : c'est ainsi que le Portail permet

« - la consultation à distance par le justiciable de l'état d'avancement de son affaire judiciaire sur un portail personnel et sécurisé ;

- l'accès, grâce à une transmission sécurisée sur le portail, à certains documents dématérialisés, relatifs à ces mêmes procédures, tels que des avis, des convocations et des récépissés ;

- la consultation d'une affaire judiciaire, aux fins d'information du justiciable, par les agents de greffe visés à l'article 3, via le portail du service d'accueil unique du justiciable, service interne au ministère de la Justice ;

- la réalisation de statistiques » (A. 28 mai 2019, art. 1er) la mise en œuvre du système par le ministère de la Justice étant autorisée par ce même article 1er.

Pour autant le Portail constitue une brique pour la cyberprocédure civile, l'alinéa 748-8 alinéa 3 nouveau ayant intégré la logique plateforme : « la partie est alertée de toute nouvelle communication par un avis de mise à disposition envoyé à l'adresse électronique indiquée par elle qui indique la date et, le cas échéant, l'heure de celle-ci ». De sorte que le courriel reprend du service, mais n'est plus le support de l'acte de procédure lui-même : il est seulement celui de l'information que cet acte est à disposition sur une plateforme… ». L'article 8 de l'arrêté du 6 mai évoque donc ces courriels adressés via le « Portail du justiciable » : il précise en outre qu'ils « sont formatés par l'application et émis au nom du service compétent par les utilisateurs authentifiés », tandis que l'article 9 redonne de son côté du service aux textos pour rafraîchir la mémoire du justiciable sur le modèle des rappels de rendez-vous chez le médecin ou le dentiste : « les rappels d'audience ou d'auditions sont envoyés au numéro de téléphone portable déclaré par le justiciable »…

Après le Portail du justiciable, ce sont donc PLINE et PLEX[124] qui ont occupé la Chancellerie. Les deux arrêtés du 24 octobre 2019 (ci-après

---

[123] Sans modification, semble-t-il, au 1er janvier 2020.

arrêté « traitement automatisé » et arrêté « CPVE ») sont d'ores et déjà en vigueur faute de dispositions transitoires. Ils régissent deux plateformes, de telle sorte qu'ils semblent constituer une nouvelle brique pour la cyberprocédure civile. En particulier, l'article 10 de l'arrêté « CPVE » prévoit que « les envois, remises et notifications déposés sur les plateformes PLINE et de PLEX provoquent l'envoi automatique d'un avis de mise à disposition au destinataire ». Ils semblent donc liés à l'article 748-3 dans sa version issue du décret du 3 mai 2019, qui a créé cette notion dépourvue d'équivalence avec la procédure civile papier.

Il a pu être écrit que « PLEX (PLateforme d'échanges EXterne) est ce système qui va permettre aux avocats et aux greffes de s'adresser des pièces au-delà de 10 méga-octets, de manière sûre. En pratique, il s'agit d'une plateforme d'échange, hébergée dans les *datacenters* de la Chancellerie.

PLINE (Plateforme d'échanges INterne Etat) est, pour sa part, une version interne à l'État, entre agents du ministère de la Justice et agents d'autres ministères, dont l'objectif est de permettre l'échange de pièces entre enquêteurs et greffes »[125].

Pour intéressants qu'ils soient, ces éléments d'analyse ne figurent pas dans les arrêtés, qui n'évoquent, ni les avocats, ni le RPVA, ni les tailles de fichiers et qui ne semblent pas réserver PLINE aux seuls « enquêteurs » …

Or, l'objet procédural de ces arrêtés ne nous apparaît pas clairement. En effet, selon l'article 1er de l'arrêté « CPVE », « PLINE […] est une plateforme d'échanges sécurisés de fichiers entre les agents du ministère de la Justice et les agents d'autres ministères, mise en œuvre par le ministère de la Justice » et « PLEX […] est une plateforme d'échanges sécurisés de fichiers entre les agents du ministère de la Justice et les personnes extérieures à l'État, mis en œuvre par le ministère de la Justice » ; l'article 2, alinéa 1er du même arrêté précisant que « PLINE sous la forme d'un site intranet [*sic* : ne manque-t-il pas un morceau de phrase ?], PLEX se présente sous la forme d'un site internet ». Mais, de son côté, l'article 1er de l'arrêté « traitement automatisé » dispose qu' « est autorisée la mise en œuvre,

---

[124] C. Bléry et J.-P. Teboul, « PLINE et PLEX ou les mystères de la nouvelle "communication par voie électronique"… », *Dalloz actualité,* 18 nov. 2019, préc.

[125] G. Marraud des Grottes : https://www.actualitesdudroit.fr/browse/tech-droit/donnees/24334/pline-et-plex-les-plateformes-d-echange-de-documents-entre-acteurs-de-la-justice-bientot-mises-a-disposition.

par le ministère de la Justice, d'un traitement automatisé de données à caractère personnel dénommé Plateforme d'échanges INterne État (PLINE) et PLateforme d'échanges EXterne (PLEX), ayant pour finalités la mise en place d'un système d'échanges sécurisés de fichiers entre, d'une part, les agents du ministère de la Justice et les agents d'autres ministères et, d'autre part, entre les agents du ministère de la Justice et les personnes extérieures à l'État[126] ». Dès lors, PLINE et PLEX sont-elles des plateformes d'échange, de simples traitements automatisés de données personnelles, des sites internet, voire les trois à la fois ? Faut-il considérer que « traitement de données », « plateforme » et « site » sont synonymes ? La fluctuation dans la terminologie des arrêtés le laisse en effet penser. On peut, une nouvelle fois, regretter que la notion de « plateforme » ne soit pas définie. *On peut même se demander si ces textes sont encore de la procédure civile.*

B. PLATEFORMES EN VIGUEUR DEMAIN

L'article 26 de la loi du 23 mars 2019[127] a créé un article L. 212-5-2 du Code de l'organisation judiciaire[128], dont l'entrée en vigueur est donc différée[129]. Il régit la *procédure dématérialisée des petits litiges* et certaines *oppositions à ordonnances d'injonction de payer*, dont on peut supposer qu'elles concernent des créances de même montant[130] :

---

[126] On peut penser aux greffes des tribunaux de commerce déjà destinataires, *via* « Plex », des décisions à publier au Fichier national des interdits de gérer (FNIG) prononcées par les juridictions répressives, aux personnes morales de l'article 692-1 du code de procédure civile, puisque le décret du 3 mai 2019 a adapté l'article 748-3 pour elles, …

[127] C. Bléry, « Loi du 23 mars 2019 de programmation 2018-2022 et de réforme pour la justice : aspects numériques », *D.* 2019, p. 1069. – Sur le projet de loi, v. l'entretien avec le directeur des affaires civiles et du Sceau : T. Andrieu, *Dalloz actualité*, 24 avr. 2018.

[128] Le même article 26 créée aussi un article L. 212-5-1, permettant une procédure sans audience exclusivement écrite, sans limitation de montant ; l'initiative et l'accord des parties sont également nécessaires. Un retour à l'audience peut aussi avoir lieu si besoin. V. art. 752, 753, 757, 764, 778, 799, 828, 829, issus du décret n° 2019-1333, qui concernent tant la procédure écrite que la procédure orale ordinaires en vigueur au 1er janvier 2020.

[129] Nous remplaçons dès lors TGI par TJ.

[130] Sera-t-il de 5 000, comme les « petits litiges » européens ou 10 000 euros, sachant que, selon l'exposé des motifs, « l'objectif est de permettre aux justiciables,

« les oppositions aux ordonnances portant injonction de payer statuant sur une demande initiale n'excédant pas un montant défini par décret en Conseil d'État et les demandes formées devant le tribunal judiciaire en paiement d'une somme n'excédant pas ce montant peuvent, à l'initiative des parties lorsqu'elles en sont expressément d'accord, être traitées dans le cadre d'une procédure dématérialisée. Dans ce cas, la procédure se déroule sans audience.
« Toutefois, le tribunal peut décider de tenir une audience s'il estime qu'il n'est pas possible de rendre une décision au regard des preuves écrites ou si l'une des parties en fait la demande. Le tribunal peut, par décision spécialement motivée, rejeter cette demande s'il estime que, compte tenu des circonstances de l'espèce, une audience n'est pas nécessaire pour garantir le déroulement équitable de la procédure. Le refus de tenir une audience ne peut être contesté indépendamment du jugement sur le fond ». Cette procédure dématérialisée suppose donc l'accord des parties. Et si un retour à l'audience est prévu, à l'initiative du juge[131], voire d'une partie, le magistrat n'est toutefois pas tenu de faire droit à une telle demande[132] et son refus ne peut être contesté qu'avec le jugement sur le fond. Cette concentration prive d'une grande part de son utilité la possibilité d'exercer un recours et vise visiblement à dissuader les plaideurs de se plaindre du refus[133]...

L'article 27, lui, d'une part, a inséré un article L. 211-17 au sein du Code de l'organisation judiciaire, à l'entrée en vigueur différée, qui institue un « tribunal de grande instance »[134] – à compétence nationale pour connaître des injonctions de payer civiles[135] et européennes : la loi a été l'occasion de centraliser, non seulement, les demandes en injonction de payer françaises, mais aussi les injonctions de payer transfrontalières civiles, relevant du juge du tribunal d'instance[136].

---

dans les procédures sans représentation obligatoire relevant actuellement du tribunal d'instance, d'obtenir une décision dans un délai raccourci grâce à des échanges complètement dématérialisée, via le portail de la justice ». Il n'y a pas encore de décret.

[131] Comp. art. 446-1, al. 2 CPC, *in fine* et art. 5 du règlement « petits litiges ».

[132] V. encore art. 5 du règlement « petits litiges ».

[133] *Contra* T. Andrieu, entretien préc.

[134] Nous remplaçons dès lors TGI par TJ.

[135] Sont donc exclues celles concernant des créances commerciales.

[136] Ce dispositif est complété par un nouvel article L. 211-4-2 COJ — créé par l'article 95 de la loi, donnant compétence au tribunal judiciaire (c'est-à-dire à tous les tribunaux judiciaires) pour connaître des demandes fondées sur le règlement

D'autre part, l'article 27 a créé un article L. 211-18 qui fait de ce TGI/TJ unique une juridiction plateforme… tout en réservant une hypothèse de retour au papier. Il prévoit que « les demandes d'injonction de payer sont formées par voie dématérialisée devant le tribunal judiciaire spécialement désigné mentionné à l'article L. 211-17. Toutefois, les demandes formées par les personnes physiques n'agissant pas à titre professionnel et non représentées par un mandataire ainsi que les demandes mentionnées au 2° du même article L. 211-17 peuvent être adressées au greffe sur support papier.
« Les oppositions sont formées devant le tribunal judiciaire spécialement désigné.
« Les oppositions aux ordonnances portant injonction de payer[137] sont transmises par le greffe du tribunal judiciaire spécialement désigné aux tribunaux judiciaires territorialement compétents ».

La logique du 2.0 de la cyberjuridiction aurait été de faire de ce « tribunal de grande instance » [TJ] une institution plateforme, sans attache territoriale. Or, si, selon M. Andrieu, « la juridiction nationale de traitement dématérialisé de l'injonction de payer, […] est un premier pas vers le dossier numérique », qui « sera […] une véritable plateforme de traitement du contentieux, qui sera en mesure d'identifier très en amont les questions de principe qui se posent dans ce cadre », ce sera aussi « une juridiction. Celle-ci sera composée de magistrats et greffiers spécialement formés aux principaux contentieux traités par voie d'injonction de payer : droit de la consommation, des baux, etc. » ; autrement dit, « la juridiction nationale ne sera pas un tribunal "virtuel", mais bel et bien une juridiction composée de magistrats et de greffiers humains[138] ».

Pour finir, on pourra s'interroger sur la persistance de la méthode des petits pas et l'absence apparente de vision d'ensemble qui devrait conduire à refondre le régime de la communication par voie électronique devant les juridictions judiciaires, pour arriver à une chaîne « 0 papier », de l'acte introductif d'instance aux procédures civiles d'exécution…

---

européen « petits litiges », alors qu'aujourd'hui c'est le tribunal d'instance qui en connaît par application de l'article L. 221-4-1 du même code.

[137] V. T. Andrieu, entretien préc.

[138] Y compris, donc, celles tendant exclusivement à l'obtention de délais de paiement, contrairement à ce qui avait été prévu initialement.

LA COMMUNICATION PAR VOIE ÉLECTRONIQUE, LE POINT DE VUE DE L'AVOCAT

Roland RODRIGUEZ
Avocat au Barreau de Grasse
Bâtonnier de l'Ordre
Ancien vice-Président du Conseil National des Barreaux

Parler de la dématérialisation dans la *start-up nation,* c'est s'ouvrir des perspectives merveilleuses !

Le 15 janvier 2018, la ministre de la Justice a déclaré à propos de la réforme de la justice que « *le numérique est le cœur du réacteur* ». Après les grandes déclarations, la question est de savoir si les moyens suivent. L'interrogation est permise, car la communication par voie électronique a des limites (I). Face à ces limites, les perspectives d'évolution devront alors être envisagées (II), ainsi que la nécessité de replacer le numérique au cœur de la justice (III).

I. Les limites de la communication par voie électronique

Les limites de la communication par voie électronique sont principalement dues aux outils auxquels les professionnels sont confrontés.

Actuellement, neuf applicatifs existent au sein de la chancellerie. Ces applicatifs sont différents et ne correspondent pas entre eux. La réalité est que neuf programmes coexistent sans être toujours capables de communiquer de l'un à l'autre. Par exemple en matière de communication pénale, il n'est pas possible d'utiliser la table des avocats utilisée dans le cadre de la communication en matière civile.
Du côté des avocats, un portail existe. Celui-ci s'est progressivement amélioré au fil des années. Le portail comprend plusieurs applicatifs ; il est accédé au RPVA à travers un applicatif nommé *e*-Barreau. L'ensemble s'est construit de manière un peu empirique. Les avocats ont accès d'un côté à *e*-Barreau qui permet d'accéder aux TGI, à la Cour d'appel et aussi aux tribunaux de commerce. Par *e*-Barreau, il est possible d'accéder à I-Greffe qui est un autre applicatif concernant les

tribunaux de commerce spécifiquement. En matière administrative, peut être cité Télérecours. Et d'autres outils ont été développés notamment avec les experts à travers OPALEXE. Il y a donc un éclatement des outils qui complexifie le système de la dématérialisation, d'autant plus que cet empilement n'est pas nécessairement cohérent.

En sus, des difficultés sont à signaler concernant *e*-Barreau. Créé il y a une quinzaine d'années, *e*-Barreau est constitué d'une messagerie basique et d'un accès au fichier du ministère de la Justice. L'utilisation est limitée dans la taille des messages (10 Mo), dans les champs (pour décrire les motifs de l'appel, la limite est de 4080 caractères, alors même que les motifs de l'appel doivent être détaillés). Autre limite, l'intendance ne suit pas. Un des problèmes rencontrés est la limitation résultant des systèmes du ministère. Par exemple, les serveurs n'ont pas assez de stockage pour stocker l'ensemble des pièces. En certains cas, les difficultés liées à la communication électronique obligent à un transfert de charge vers les cabinets d'avocats.

Il existe également des impossibilités techniques.
À titre d'exemple, désormais, l'appel porté devant la chambre sociale de la cour d'appel est formé, instruit et jugé suivant la procédure avec représentation obligatoire. Les parties doivent s'y faire représenter par un défenseur syndical ou par un avocat. En la matière, cela n'implique pas la mise en œuvre des règles de la postulation devant les cours d'appel, les parties pouvant être représentées par tout avocat, si elles ne font pas le choix d'un défenseur syndical. Toutefois, actuellement, le RPVA ne fonctionne qu'au sein d'une cour d'appel, de sorte qu'un avocat extérieur ne peut se connecter. La cause étrangère est alors avancée en raison des limites du système.
Autre exemple, depuis le 1er septembre 2020, la communication électronique est obligatoire devant le TGI. Cependant, les outils ne sont pas adaptés, puisque certains actes ne peuvent pas être délivrés par la voie électronique. Ainsi, pour ne citer qu'un cas, concernant les requêtes pour assigner à jour fixe, il n'existe pas d'onglet adapté pour effectuer la transmission par voie électronique. Des solutions de fortune sont trouvées, et il est conseillé de doubler avec une requête papier et de faire un envoi au greffe, en prenant un champ *message autre* qui puisse être le plus adapté.

II. Les perspectives d'évolution

Concernant les perspectives d'évolution de la communication électronique, du point de vue de l'avocat, deux outils doivent être évoqués : PORTALIS et *e*-Barreau V.2.

A. PORTALIS

Une évolution qui doit être évoquée est PORTALIS. L'idée est de conférer le pouvoir au justiciable de lancer une procédure et la suivre.

PORTALIS, cela doit être souligné, a été fait sans consulter le Conseil national des barreaux. Ainsi, il n'a pas été prévu d'accès direct entre les applicatifs de la profession d'avocat et PORTALIS, cela a notamment pour conséquence d'exclure l'avocat des procédures sans représentation obligatoire gérées par PORTALIS.

Aussi doit être relevé qu'il a été imposé à la profession d'avocat de mettre en place des systèmes ultras sécurisés, alors que maintenant pour schématiser le justiciable va pouvoir suivre sa procédure à travers un identifiant/mot de passe.

B. *E*-BARREAU V.2.

Une autre évolution à souligner est *e*-Barreau V.2.

Le Conseil national des Barreaux développe actuellement une nouvelle version d'*e*-Barreau : *e*-Barreau V.2. Le système évolue à la faveur de la mise en place d'une véritable plateforme de gestion des dossiers. Ainsi, notamment, il n'y aura plus l'actuel système de suppression des messages passé un certain temps.

Le système *e*-Barreau se transforme en une version V.2 par la mise en place d'un système de stockage qui sera propre à la profession. Chacun pourra avoir l'intégralité des actes du dossier. Tous les actes seront stockés. Il s'agira d'une plateforme collaborative.

III. La nécessité de replacer la dématérialisation au cœur de la justice

La société est une société de l'instantanéité, mais la justice n'est pas toujours l'instantanéité.

La communication par voie électronique est à replacer, du point de vue de l'avocat, dans une optique d'amélioration des pratiques professionnelles.

Les critiques parfois émises à l'encontre de la dématérialisation ne doivent pas en masquer le potentiel. La communication par voie électronique peut être une chance. Il s'agit d'un véritable bénéfice lorsque les cabinets d'avocat sont éloignés géographiquement du tribunal. Aussi, la communication par voie électronique a amélioré la pratique professionnelle, par exemple la fluidification des assignations doit être relevée.

La communication par voie électronique n'est pas là pour créer des problèmes. Les avocats en premier doivent lutter afin que la communication par voie électronique soit là pour améliorer les garanties procédurales et avant toute chose le principe du contradictoire. En ce sens, un des avantages de la communication électronique est de permettre instantanément de garantir le principe du contradictoire, notamment car la communication est certifiée instantanément à l'égard de l'ensemble des acteurs de la procédure.

Toutefois, il convient de prendre garde à ce que la dématérialisation ne prenne pas le dessus sur le cœur de la profession d'avocat. Elle ne doit pas être une source de contrainte ou un moyen de contrainte. En ce sens, les conséquences potentielles de PORTALIS ne doivent pas être ignorées. Avec PORTALIS, l'idée majeure est que le justiciable doit avoir accès à la justice. À cette fin, une interface dématérialisée est mise en place, avec des formulaires types à remplir. Cependant, les formulaires ont des limites, même pour les demandes qui paraissent simples de prime abord. Un des risques de la dématérialisation est alors d'aboutir à une "justice QCM", "barèmisée" en toute matière.

Ce mouvement d'automatisation de la justice est lié à l'idée, notamment sous-tendue par les pouvoirs publics, mais pas uniquement, de rentabilité de la justice. Or la justice doit demeurer à dimension humaine. Il convient de garder à l'esprit qu'a communication par voie électronique est un moyen et non un but en soi !

LA DÉMATÉRIALISATION DE L'EXPERTISE : UN RETOUR D'EXPÉRIENCE LOCALE

Christian GUYON
Expert de justice
Pierre MALICET
Administrateur UCECAAP, Référent national du CNCEJ pour le déploiement d'OPALEXE
Patricia MANNARINI-SEURT
Expert de justice

1. Définition. OPALEXE est la plateforme de dématérialisation des expertises judiciaires. Son objet est de permettre, *via* une interface, une mise à disposition en ligne de documents. Conformément au second alinéa du premier article de l'arrêté du 14 juin 2017 portant application des dispositions du titre XXI du livre Ier du code de procédure civile aux experts judiciaires « *le système permet de dématérialiser et de sécuriser la communication de l'expertise judiciaire civile, entre la juridiction, les avocats, l'expert et les parties* »[139].

2. Expérience locale. Le retour d'expérience relative à la mise en place d'OPALEXE, faisant l'objet du présent article, concerne le ressort de la Cour d'appel d'Aix-en-Provence. Cette expérience locale s'inscrit dans un contexte de déploiement régional piloté par l'union des compagnies d'experts près la Cour d'appel d'Aix-en-Provence (UCECAAP).

3. Déploiement d'Opalexe dans les TGI du ressort de la cour d'appel. L'expérience locale d'OPALEXE, présentement exposée, a débuté en 2011 et a été expérimentée *via* des juridictions pilotes (Draguignan et Toulon). L'expérience s'est étendue à l'ensemble de la région du ressort de la Cour d'appel d'Aix-en-Provence en 2014.

---

[139] Art. 1er, al.2, arrêté du 14 juin 2017 portant application des dispositions du titre XXI du livre Ier du code de procédure civile aux experts judiciaires, *JORF* 18 juin 2017.

La Cour d'appel d'Aix-en-Provence est la première cour d'appel de province. Elle comprend plus de mille experts. La Cour d'appel d'Aix-en-Provence est celle qui a le plus déployé OPALEXE au niveau national. Toutefois le taux de pénétration en nombres d'expertises et d'experts avoisine les 35 à 40 % de ce qui pourrait être accessible, sous OPALEXE.

4. OPALEXE en chiffres. L'objectif initial était un total déploiement d'OPALEXE fin 2019, cet objectif n'a pas été atteint. Mais, tant au niveau local qu'au niveau national, le déploiement s'accélère. En ce sens, au niveau national et pour l'année 2019 : 2 500 nouveaux avocats se sont inscrits sur la plateforme d'échange ; 182 500 documents ont été déposés ; 12 500 expertises sont en cours sur la plateforme avec 2 157 experts qui ont en moyenne 5 expertises chacun.

5. Historique du déploiement d'OPALEXE au sein du TGI de Grasse. Concernant l'expérience au TGI de Grasse, l'utilisation d'OPALEXE s'est déployée en 2018. Désormais, la désignation *via* la plateforme OPALEXE est systématique ; 220 dossiers ont été saisis sur OPALEXE depuis novembre 2018.

6. Phases-clés du processus OPALEXE. Les phases clés du processus d'OPALEXE sont au nombre de trois, la désignation de l'expert (I), le début des opérations (II) et la conduite de la mission (III).

I. La désignation de l'expert

7. Inscription préalable sur la plateforme. Depuis novembre 2018, toute ordonnance de référé notamment est transmise au service des expertises, pour donner lieu à une désignation sur OPALEXE. Mais un préalable est important, l'expert doit être inscrit sur la plateforme et avoir obtenu sa carte électronique lui permettant de se connecter sur la plateforme OPALEXE.

8. Principales phases d'inscriptions. La procédure d'inscription d'un expert sur la plateforme OPALEXE est précise.

La première phase est la connexion sur le site[140] du Conseil national des compagnies d'experts de justice (CNCEJ) via l'onglet *Dématérialisation.*

La deuxième phase consiste à commander la carte permettant d'accéder à la plateforme d'OPALEXE, puisque ce nouvel outil numérique fonctionne avec un lecteur de carte. Une fois la carte commandée, un dossier doit être téléchargé et l'expert doit faire attester de son inscription auprès de la cour d'appel avec l'envoi d'un formulaire ; en l'occurrence pour la présente expérience locale à l'UCECAAP.

Le retour de l'UCECAAP se fait après vérification que l'expert est inscrit sur la liste des experts près de la Cour d'appel. Après ce premier contrôle, un second contrôle a lieu au niveau départemental par les autorités d'enregistrement déléguées (AED). Le dossier complet est envoyé à CERTEUROPE[141], qui est l'organisme gérant la délivrance des cartes permettant l'accès à la plateforme OPALEXE.

9. Désignation de l'expert sous réserve de consignation. Une fois l'expert inscrit sur la plateforme, il peut être désigné par le tribunal de grande instance. L'expert est désigné, sous réserve de consignation. Auparavant, les Tribunaux de grande instance de Nice et de Grasse n'envoyaient la désignation qu'après versement de la provision initiale par les parties. Désormais, l'expert est désigné avant ce versement. L'expert doit attendre l'avis de versement, car il ne peut débuter les opérations qu'après réception de cet avis.

10. Avis de versement ou caducité. La réception de l'avis de versement se fait par le biais d'OPALEXE. En revanche, lorsque la provision n'est pas versée emportant de ce fait une ordonnance de caducité, la notification de ladite ordonnance se fait encore sous forme traditionnelle, à savoir par courrier postal.

---

140 http://www.fncej.org/

141 https://www.certeurope.fr. Il s'agit d'un tiers de confiance et de la première autorité de certification en France.

II. Les opérations d'expertise

11. Début des opérations. L'expert est le garant de l'architecture et du fonctionnement du dossier dans OPALEXE. Même si le greffe envoie la mission de l'expert par la plateforme OPALEXE, il revient à l'expert de définir les droits d'accès et de compléter le cadre général dans OPALEXE.

12. Droit d'accès à OPALEXE. Les droits d'accès des intervenants doivent être définis par l'expert. Dès lors que la partie est assistée, l'intervenant naturel est l'avocat ; l'avocat doit être référencé sur la plateforme. Des droits d'accès peuvent également être donnés aux parties.

Il en résulte une triple possibilité concernant les droits d'accès à OPALEXE :
- dans une première hypothèse, seul l'avocat a accès à la plateforme.
- dans une deuxième hypothèse, l'avocat a accès à la plateforme – en lecture et en dépôt de documents – et la partie a également accès à OPALEXE, mais uniquement en lecture.
- dans une troisième hypothèse, l'avocat et les parties ont accès tant en lecture qu'en dépôt de document à la plateforme OPALEXE.

Dans tous les cas, ce n'est pas à l'expert de choisir et d'imposer les droits d'accès. La fixation du mode de fonctionnement doit résulter d'une interaction entre l'expert, l'avocat et son client. À cet égard, il convient de préciser que l'utilisation d'OPALEXE reste subordonnée à une acceptation des intervenants.

III. La conduite de la mission

13. Objectifs. Le but de la plateforme est de simplifier les échanges dans le respect du principe de la contradiction. Des systèmes sont en place au niveau de la plateforme afin d'informer toute intervention sur un dossier. À titre d'exemple, dès lors qu'un document est déposé sur la plateforme, l'ensemble des intervenants est averti par l'envoi d'un message automatique.

L'expert - sans se substituer aux intervenants - doit jouer un rôle de facilitateur dans l'utilisation de la plateforme. Particulièrement, la plateforme est composée de répertoires. Mais, il convient d'être vigilant, car chaque intervenant n'a pas accès à l'ensemble des répertoires (ex. les magistrats et le greffe n'ont pas accès aux documents déposés par l'expert dans le répertoire de gestion des délais).

14. Dématérialisation *versus* papier. En conclusion, *via* OPALEXE, la dématérialisation de l'expertise est une réalité qui s'étend progressivement, mais elle n'est pas absolue.

Dans certains cas, au-delà de la dématérialisation, le papier demeure la bonne règle. Il s'agit par exemple du dépôt du rapport définitif. Même s'il est déposé sur la plateforme OPALEXE, le tribunal peut en demander un exemplaire papier ; ce qui est notamment le cas au niveau local avec le TGI de Grasse.

En d'autres cas, le papier demeure la règle. Particulièrement, l'ordonnance de taxe doit toujours être notifiée aux parties par l'expert, par lettre recommandée avec demande d'accusé de réception, pour faire courir les délais de recours. Elle peut aussi bien sûr être déposée sur la plateforme.

15. Conclusion. Le bilan pour le TGI est positif. Aujourd'hui, le service des expertises est à jour, car il y a eu gain de temps, mais également, un gain de coûts (papier, affranchissements, etc.). Ceci dit, le déploiement exige une préparation passant par la formation et la présence de ressources humaines motivées.

Pour la pratique courante de la plateforme par les experts, des améliorations pourront être apportées, peut-être en poursuivant la collaboration tripartite, initiée en février 2019, avec la Première Vice-présidente et le Bâtonnier de Grasse.

L'OPEN DATA DES DÉCISIONS DE JUSTICE

Sophie DRUFFIN-BRICCA
Maître de conférences HDR
Université Côte d'Azur
Directrice du département de droit privé

La notion d'open data peut être précisée par deux distinctions.
Premièrement, l'open data n'est pas le big data. Le big data ou « masse de données » (ou mégadonnées) désigne l'ensemble des données générées par l'utilisation des nouvelles technologies. Il comprend la collecte et le traitement de données massives, grâce à des supercalculateurs. Le terme est associé non seulement à l'augmentation du volume des données, mais aussi à celle de la capacité à les utiliser[142]. L'open data quant à lui correspond à l'ouverture des données publiques qui conduit concrètement au développement du nombre de données accessibles sur internet.
Deuxièmement, il ne faut pas confondre l'open data et la publicité des décisions de justice[143]. La publicité correspond à la communication limitée de copies de décision. Avec l'open data il ne s'agit plus de la communication à une personne qui le demande d'une ou plusieurs décisions de justice par les canaux habituels que sont les greffes, mais de la mise à disposition de toutes les décisions au plus large public par voie numérique[144].

Selon les chiffres publiés en octobre 2018 par le Ministère de la Justice, 4 033 225 décisions ont été rendues en 2017[145]. Légifrance

---

[142] M. Quéméner, Le droit face à la disruption numérique, Gualino, 2018, p.23.
[143] B. Cassar, La distinction entre l'open data et l'accès aux décisions de justice, Dalloz actu, 19 juill.2019.
[144] N. Fricero, Garanties de nature procédurale : équité, publicité, célérité et laïcité in Droit et pratique de la procédure civile 2017 – 2018 : Dalloz, coll. Action, déc. 2016, n° 212.113 ; C. Bléry, Loi du 23 mars 2019 de programmation 2018-2022 et de réforme pour la justice : aspects numériques, D. 2019 p1069 ; J. Jourdan-Marques, La publicité des décisions, une garantie émoussée ? JCP G 2019, suppl. au n°14, p. 63
[145] MINISTERE DE LA JUSTICE. Les chiffres clés de la Justice. Publié le 18 octobre 2018. http://www.justice.gouv.fr/statistiques-10054/chiffres-cles-de-la-justice-10303/les-chiffrescles-de-la-justice-edition-2018-31895.html

diffuse environ 50 000 décisions par an (seulement les arrêts de Cassation, du Conseil d'État, les décisions des cours administratives en appel et quelques décisions d'appel) et les éditeurs privés (Dalloz, LexisNexis, Wolters Kluwer...) en publient entre 150 000 et 200 000[146]. Actuellement les professionnels n'auraient accès qu'à 6,5% des décisions[147]. On est encore loin de l'open data, compris comme l'accès au public des décisions de justice. Mais finalement qui est intéressé par les décisions de justice ? À qui sont-elles destinées ? Et pour quelles utilisations ?

La question de l'open data des décisions de justice a fait l'objet d'une mission d'étude confiée au professeur Cadiet[148]. Sa réflexion s'est traduite par la remise d'un rapport à la Chancellerie le 9 janvier 2018. Il y révèle, entre autres, les enjeux de l'open data[149]. Sans reprendre le détail de ce riche rapport, il est possible d'identifier deux types de finalités les unes juridiques, les autres économiques. D'un point de vue juridique, la mission première de l'open data est de faciliter l'accès au droit tant pour les justiciables que pour les professionnels. L'open data est alors synonyme de transparence, d'accès, d'accessibilité à la justice. D'un point de vue économique, l'open data constitue un enjeu de compétitivité important. Il ouvre de nouvelles perspectives économiques pour les acteurs du marché du droit et en

---

(2 609 394 décisions en matière civile et commerciale ; 242 882 en matière administrative en 2017 et 1 180 949 d en matière pénale).

146 Jurisconnexion, Les données juridiques publiques proposées par les éditeurs – Résultats de l'enquête, mars 2018 https://www.juriconnexion.fr/enquete-donnees-juridiques-publiques-editeurs-juridiques
(Juriconnexion est une association professionnelle indépendante ouverte aux utilisateurs de produits électroniques d'information juridique).

147 M.-A. Bailly, Open data des décisions de justice : où en est-on en France ? Journal Spécial des Sociétés, n° 79, 9 nov. 2018, p. 4-11.

148 L. Cadiet (dir.) L'open data des décisions de justice, Rapport à Madame la garde des Sceaux, ministre de la Justice, 9 janvier 2018, http://www.justice.gouv.fr/publication/open_data_rapport.pdf. Pour les commentaires sur le rapport, V. D. 2018, p. 232, obs. L. Cadiet ; Entretien avec L. Cadiet : JCP G 2018, act. 170 ; JCP G 2018, act. 168, Aperçu rapide N. Fricero ; JCP E 2018, 1086, B. Mathis et entretien avec L. Cadiet « Les conditions de diffusion des décisions de justice représentent un enjeu essentiel de la mise en œuvre du projet de leur mise à disposition du public », JCP n°7, 12 févr. 2018, pp.290-295.

149 Le rapport est organisé autour de trois axes : les enjeux, les conditions et les modalités de mise en œuvre de l'open data.

particulier aux Legaltech[150]. Tous ces acteurs pourront créer de nouvelles applications et proposer de nouveaux services en ligne et de meilleure qualité grâce notamment à l'intelligence artificielle qui développe les outils de traitement de ces masses de décisions. Pour ces deux raisons (juridiques et économiques), il a été décidé d'ouvrir les bases de données des décisions de justice.

L'open data doit faire face à deux défis[151] : d'une part l'augmentation de la quantité des décisions à diffuser et d'autre part la protection des personnes concernées. Ainsi se mêlent des considérations éthiques, humaines ou sociales et des considérations techniques et économiques. C'est pourquoi s'il est possible dans un premier temps de décrire assez clairement, au niveau des principes, le processus de diffusion au public des décisions de justice (I), le second temps sera celui des questionnements relatifs à la réalisation concrète de l'open data, aujourd'hui et demain (II).

I. Le processus de diffusion au public des décisions de justice

Les autorités françaises se sont engagées depuis 2011 dans un mouvement général de « libération » ou d'« ouverture » des données. Ce mouvement s'est accentué ces dernières années, pour s'étendre aux décisions de justice. Plusieurs textes ont progressivement permis de poser le principe de la diffusion publique des décisions de justice (A). Mais comme souvent le principe - la diffusion des décisions- se heurte à un autre de valeur équivalente : le respect de la vie privée (comprenant tous les éléments d'identification des personnes). Pour concilier les deux, ouverture des décisions et protection des données personnelles, la diffusion des décisions par open data est subordonnée au respect de la vie privée des personnes concernées (B).

---

[150] M.-A. Bailly, art. préc.

[151] J-P. Jean « Penser les finalités de la nécessaire ouverture des bases de données de jurisprudence » Colloque « La jurisprudence dans le mouvement de l'open data » Vendredi 1-4 octobre 2016 https://www.courdecassation.fr/IMG///Open%20data,%20par%20Jean-Paul%20Jean.pdf

A. LE PRINCIPE DE LA DIFFUSION PUBLIQUE

La loi n°2016-1321 du 7 octobre 2016 pour une République numérique[152] a posé les principes de l'ouverture des données publiques en général et des décisions de justice en particulier.
Désormais l'administration est tenue lorsqu'elle communique un document administratif, de le mettre à disposition de tous « dans un standard ouvert, réutilisable et exploitable ». Les informations doivent être mises à disposition du public et pouvoir ensuite être réutilisées librement et gratuitement.

Mais ce qui se comprend pour l'annuaire de l'administration, les codes postaux ou les règles définissant l'algorithme utilisé par Parcoursup, se conçoit moins pour les décisions de justice. En effet, les décisions de justice ne sont pas des données comme les autres. Elles comprennent des données personnelles, des données identifiantes, qui nécessitent une protection renforcée. C'est pourquoi leur diffusion, par open data, a fait l'objet d'un traitement spécial.

L'open data des décisions de justice ne figurait pas dans le projet de loi du 7 octobre 2016 pour une République numérique. Il a été introduit tardivement[153] ce qui explique que le principe de la diffusion des décisions de justice a été posé *ex abrupto* par les articles 20 et 21 de la loi qui ont respectivement modifié l'article L10 du code de justice administrative pour la diffusion des décisions administratives et ajouté un article L111-13 dans le code de l'organisation judiciaire pour la diffusion des décisions judiciaires.

Le principe a été confirmé et précisé par la loi de programmation et de réforme pour la Justice du 23 mars 2019 et plus particulièrement son article 33 (initialement numéroté 19) en vertu duquel « sous réserve des dispositions particulières sur l'accès aux décisions de justice et leur publicité, les décisions de justice judiciaires et administratives sont mises à disposition du public à titre gratuit sous forme

---

[152] Dite loi Lemaire, du nom de la secrétaire d'Etat chargée du numérique et de l'innovation de l'époque. Dalloz IP/IT 2016.509, obs. S. Prévost ; Dalloz IP/IT 2017.349, obs. B. Mathis.

[153] Par amendements déposés par le gouvernement l'avant-veille de la discussion en séance publique au Sénat.

électronique ». Les articles L 111-13 COJ et L 10 CJA reprennent chacun à leur compte cette règle[154].

Trois remarques peuvent être faites à ce stade. D'abord, ce sont donc, par principe, toutes les décisions rendues par les juridictions civiles et administratives, qui ont vocation à être diffusées. Ensuite, en excluant les « dispositions particulières qui régissent l'accès aux décisions de justice et leur publicité », la loi vise bien la diffusion, c'est-à-dire la publication et non la publicité des décisions de justice. Enfin, la loi apporte deux précisions techniques importantes : « les décisions sont mises à la disposition du public à titre gratuit (et) sous forme électronique ». La gratuité et la diffusion par internet sont garantes de la mise à disposition du plus large public des décisions de justice.

Dans ces conditions, une diffusion totale et gratuite, le risque d'atteinte à la vie privée des personnes concernées par une décision est démultiplié. C'est pourquoi le législateur prévoit comme condition de la diffusion au public le respect de la vie privée de toutes les personnes concernées.

B. UNE DIFFUSION SUBORDONNÉE AU RESPECT DE LA VIE PRIVÉE

La Loi pour une République numérique de 2016 était fortement marquée par la volonté de protéger la vie privée. Ainsi précisait-elle que les décisions étaient mises à la disposition du public à titre gratuit « dans le respect de la vie privée des personnes concernées ». La formule se retrouvait dans les articles L111-13 COJ et L10 al.2 CJA[155]. Cette protection était renforcée puisque la mise à disposition du public devait être « précédée d'une analyse du risque de

---

[154] Art. L111-13 COJ : Sous réserve des dispositions particulières qui régissent l'accès aux décisions de justice et leur publicité, les décisions rendues par les juridictions judiciaires sont mises à la disposition du public à titre gratuit sous forme électronique.
- Art L 10 CJA : Sous réserve des dispositions particulières qui régissent l'accès aux décisions de justice et leur publicité, les jugements sont mis à la disposition du public à titre gratuit sous forme électronique.

[155] Art. L.111-13 al. 1er COJ et art. L 10 al.2 CJA (version en vigueur du 9 octobre 2016 au 25 mars 2019).

réidentification des personnes ». Cette obligation de contrôle préalable du risque de réidentification des personnes, sans préciser qui allait procéder à cette analyse ni selon quelles modalités[156], a été abandonnée par la loi de mars 2019, mais pas le souci de protection de la vie privée. À la place, la loi retient une obligation de « pseudonymisation » des décisions.

La pseudonymisation a pour objectif de rendre la réidentification des personnes compliquée : les décisions ne peuvent pas être attribuées à une personne précise sans avoir recours à des recoupements, à des informations supplémentaires[157]. L'identification de la personne est possible, mais difficilement. Finalement, ce nouveau terme de « pseudonymisation » renvoie à ce que l'on appelait précédemment l'anonymat des décisions. Mais l'anonymisation désigne aujourd'hui (depuis l'entrée en vigueur du Règlement général sur la protection des données en 2018) une impossibilité d'identifier ou de réidentifier les personnes. Quasiment irréalisable[158], le législateur l'a remplacée par la pseudonymisation. Concrètement, la pseudonymisation prend la forme d'une occultation : certaines informations doivent être occultées préalablement à toute diffusion. Mais cette obligation n'est pas absolue : elle varie selon les personnes censées être protégées (parties ou personnels de justice) et selon les finalités.

Concernant les parties ou les tiers, il s'agit d'éviter la personnalisation : leurs noms et prénoms doivent être occultés préalablement à la mise à la disposition du public de la décision. L'occultation s'étend également à « tout élément de la décision » permettant l'identification des parties, lorsqu'il existe un risque d'« atteinte à la sécurité ou au respect de la vie privée de ces personnes ou de leur entourage ».

---

[156] La ministre Axelle Lemaire s'était insurgée contre cette condition, considérant que cela « reviendrait en pratique à empêcher l'open data ».

[157] C. Bléry, art. préc.

[158] Pour parvenir à une complète anonymisation, il faudrait retirer pratiquement tous les faits (dates, adresses, numéros de carte bancaire ou de plaque minéralogique, références de cadastre …).

Concernant les magistrats et membres du greffe[159], la question a opposé vivement ceux favorables au maintien du nom des magistrats et les opposants au maintien de leurs noms [160]. Pour finir, la loi de mars 2019 n'envisage l'occultation des noms de magistrats et membres du greffe « qu'en cas de risque pour leur vie privée ou leur sécurité ». Hormis cette hypothèse, les noms des magistrats continueront à être diffusés.

Toutefois, la loi s'est souciée d'un risque particulier : le risque de « profilage » ou de « réutilisation des données personnelles à visée prédictive ». En effet, la collecte massive d'informations sur la personne des juges ou des greffiers permet de générer des statistiques sur l'ensemble de leur activité professionnelle (nombre d'affaires par an, moyenne de temps de traitement, etc..), voire de mettre en exergue certaines pratiques ou tendances (sévérité ou laxisme envers telle catégorie de justiciables par exemple). La loi interdit expressément cette utilisation. Elle interdit en effet de réutiliser les données relatives à l'identité des magistrats et membres du greffe afin d'évaluer, d'analyser, de comparer ou de prédire leurs pratiques professionnelles réelles ou supposées, sous peine de sanctions pénales.

Mais ce qui compte pour les avocats et les justiciables, plus que l'identité du magistrat, ce sont les statistiques de la juridiction, pour connaître ses chances de gagner ou de perdre. Par exemple, quels sont les pourcentages d'octroi d'une prestation compensatoire par tel juge aux affaires familiales ? Et de quel montant en moyenne ? La loi n'interdit pas cet usage des données. Bien plus, il est inhérent à la réalisation de l'open data.

---

[159] L'expression « open data des magistrats » est souvent utilisée. V. P. Deumier, L'open data des magistrats : une petite histoire législative (Art. 33 de la loi n°2019-222 du 23 mars 2019 de programmation 2018-2022 et de réforme pour la justice), RTD Civ. 2019, p.72.

[160] A noter que d'après une enquête réalisée sur un échantillon de 603 avocats 87% des avocats sont opposés à l'anonymisation de l'identité des magistrats et du personnel de greffe dans les décisions de justice ! Dalloz actualité 13 juin 2019.

II. La réalisation de l'open data

Le traitement et la diffusion en ligne des décisions demandent des moyens techniques et financiers que le service public a du mal à mobiliser. Pendant ce temps les acteurs privés s'engagent dans cette voie, particulièrement les legaltech[161]. Or pour exploiter les décisions de justice (en aval) encore faut-il y avoir eu accès (en amont). En attendant la concrétisation de l'open data par les acteurs publics, certains opérateurs privés ont pensé alimenter leurs bases en demandant de façon massive les décisions aux greffes. Ceci a nécessité de se pencher en priorité sur l'articulation entre les règles de l'open data et celles de l'accès aux décisions de justice (A). En revanche d'autres questions relatives à la mise en œuvre opérationnelle de l'open data restent en suspens, conduisant à s'interroger sur son plus ou moins proche avenir (B).

A. L'ARTICULATION ENTRE OPEN DATA ET ACCÈS AUX DÉCISIONS DE JUSTICE

L'article 11-3 de la loi n°72-626 du 5 juillet 1972 permet à n'importe quel tiers de demander la communication de tout jugement prononcé publiquement directement au greffe des juridictions[162]. Les nouveaux acteurs privés ont utilisé cette faculté pour obtenir un grand nombre de décisions. Or la demande de communication au greffe ne s'accompagne pas de pseudonymisation. La crainte a été le risque de contournement des règles et de diffusion de décisions non pseudonymisées[163]. Le rapport Cadiet avait pris conscience du problème et recommandait d'« établir des mesures visant à permettre aux juridictions de rejeter les demandes abusives ou lorsqu'elles ont

---

[161] Le président Louvel en 2018 s'en inquiétait déjà : « Pendant que nous tergiversons, le secteur privé élabore des algorithmes de traitement des décisions toujours plus performants, en dehors des mécanismes de régulation adéquats dans une opacité de la technologie ».

[162] Se procurer la copie d'une décision de justice : les bases légales et un guide pratique. Délivrance et coût des copies de décisions de justice délivrées à des tiers, par E. Barthe et X. Haubry http://www.precisement.org/blog/Se-procurer-la-copie-d-une-decision-de-justice-les-bases-legales-et-un-guide.html#nb1.

[163] Exemple du site Lexeek.com qui publiait des décisions de justice non anonymisées en 2011 cité in C. Feral-Schul, Cyberdroit : le droit à l'épreuve d'internet, D. 2018, p.263.

pour objet ou pour effet la délivrance d'un nombre important de décisions ».

Peut-être plus que le rapport Cadiet, l'affaire Doctrine[164] a été le déclencheur d'une réflexion sur cette question. L'éditeur de Doctrine.fr est accusé d'avoir détourné les adresses mails de professionnels du droit afin d'obtenir en masse des décisions de justice auprès de tribunaux de différentes juridictions. À la suite de plusieurs avis de la commission d'accès aux documents administratifs (CADA) et de différentes décisions des tribunaux, le Ministère de la Justice s'est emparé du problème dans une circulaire du 19 décembre 2018[165]. Celle-ci a autorisé les greffes à refuser la communication des « demandes de masse » en invoquant plusieurs arguments pour s'y opposer telle la bonne administration de la justice et la protection des données à caractère personnel[166]. Ce principe est repris par la loi du 23 mars 2019, inséré à l'article L. 111-14 du Code de l'organisation judiciaire et l'article L10-1, identique, du Code de justice administrative[167]. La loi permet de s'opposer à la délivrance massive des décisions sur le fondement de l'abus de droit. Les demandes seront considérées comme abusives « par leur nombre ou par leur caractère répétitif ou systématique ». L'appréciation du caractère abusif ou non de la demande reviendra au greffier. Pour l'aider, la circulaire du 19 décembre 2018 évoque « les demandes dont il est manifeste qu'elles ne portent pas sur une ou plusieurs affaires en particulier, mais sur la jurisprudence de la juridiction ».

Les risques de contournement des règles de la publication sont évités. Mais le dispositif est complexe et relève entièrement de la responsabilité du greffier qui devra également procéder à une

---

[164] A. Bloze, D. actu. 20 févr.2019 ; J. Jourdan-Marques, préc., n°6 et 9.

[165] Circ. JUSB1833465N, 19 déc. 2018, relative au traitement des demandes de copie de décisions judiciaires émanant de tiers à l'instance : BOMJ n° 2018- 12, 31 déc. 2018 ; Dalloz actualité, 22 janv. 2019, obs. F. Mélin ; R. Letteron, L'accès aux décisions de justice, ou le dispositif « Anti-Doctrine » : http ://libertescheries.blogspot.com/2019/01/lacces-aux-decisionsde-justice-ou-le.html.

[166] J. Jourdan-Marques, La publicité des décisions, une garantie émoussée ? JCP G 2019, suppl au n°14, n°10.

[167] Les tiers peuvent se faire délivrer copie des décisions de justice par le greffe de la juridiction concernée conformément aux règles applicables en matière civile ou pénale et sous réserve des demandes abusives, en particulier par leur nombre ou par leur caractère répétitif ou systématique.

pseudonymisation partielle des décisions. En effet les décisions délivrées ne seront pas systématiquement pseudonymisées : seules seront occultés les éléments permettant d'identifier les parties ou tiers au litige (mais pas les magistrats) et à condition qu'il y ait un risque d'atteinte à leur sécurité ou leur vie privée[168].

Cependant, la question est transitoire. Quand les décisions de justice seront accessibles en open data, les demandes massives aux greffes perdront de leur intérêt. En revanche, d'autres questions quant à la réalisation de l'open data restent en suspens.

B. L'OPEN DATA, DEMAIN ?

Tous les jugements rendus par les juridictions civiles et administratives seront mis à la disposition du public à titre gratuit et sous forme électronique : le changement d'échelle est considérable. Selon les estimations, ce seront 1,5 million de décisions judiciaires publiées de plus chaque année, sans compter les anciennes qui ne l'ont pas encore été et le seront progressivement.

La loi de 2016 renvoyait à des décrets d'application. La mission Cadiet avait d'ailleurs cette mission d'« éclairer la rédaction des dispositions d'application »[169]. La loi de réforme de la justice de 2019 suspend elle aussi sa mise en œuvre à l'adoption de décrets qui n'ont toujours pas été publiés. Pourtant ces décrets sont nécessaires pour répondre aux questions soulevées par les textes : qui, comment et quand ?

Premièrement : Qui ? Qui va piloter le déploiement de l'open data ? Le rapport Cadiet recommande de confier la mission d'anonymisation et de diffusion des décisions de justice aux cours suprêmes de l'ordre administratif et judiciaire. La Cour de cassation[170] et le Conseil d'État,

---

[168] Article L. 111-14, al.2 COJ et article L10-1, al.2 CJA.

[169] Objectif de proposer les conditions d'application, les modalités d'ouverture au public des décisions (cf lettre de mission en ouverture du rapport lui-même).

[170] C. Arens, lors de son audience solennelle d'installation dans ses fonctions de première présidente de la Cour de cassation, 6 sept 2019, https://www.courdecassation.fr/publications_26/prises_parole_2039/discours_2202/premiere_presidente_9506/ses_fonctions_43527.html?var_mode=calcul

forts de leur expérience actuelle de gestion de leurs bases de données, se disent prêts à relever le défi.

Deuxièmement : Comment ? L'open data nécessite trois étapes : la collecte, le traitement et la diffusion des décisions. Ce sont des défis techniques. Or des incertitudes subsistent concernant les futurs outils de collecte, pseudonymisation et diffusion. Il faudra passer d'un traitement « artisanal » à un traitement de masse. Si la collecte ne pose pas trop de difficulté, grâce à l'expérience des greffes, le traitement des données à grande échelle et en particulier la pseudonymisation à grande échelle constitue la principale difficulté. Les données identifiantes doivent être occultées. L'occultation des noms et prénoms ne pose pas de véritables problèmes, là encore l'expérience de l'anonymat des décisions est acquise. Ce n'est pas le cas d'autres éléments qui permettent une réidentification et qui doivent être occultés pour éviter tout risque d'atteinte à la sécurité des parties, des tiers ou des magistrats. Techniquement, la mission ETALAB[171], en charge de l'ouverture des données publiques, est investie de cette mission d'amélioration des outils de l'anonymisation. Mais jusqu'où pourra aller l'occultation sans nuire à l'intelligibilité des décisions ?

Troisièmement : Quand ? Déjà quand les décrets seront adoptés. On nous promet l'ouverture des décisions très rapidement … depuis 2016. Et les décrets ne suffiront pas. Il faudra encore plusieurs mois, voire années, pour que l'open data des décisions de justice soit complètement mis en œuvre.

---

[171] ETALAB est un service du Premier ministre au sein de la Direction interministérielle du numérique et du système d'information et de communication de l'Etat (DINSIC - *dont les missions et l'organisation sont fixées par les décrets du 20 Novembre 2017*), en charge de l'ouverture des données publiques et du gouvernement ouvert. Elle coordonne la politique d'ouverture et de partage des données publiques https://www.etalab.gouv.fr/

LA JUSTICE PRÉDICTIVE

Marie-Cécile LASSERRE
Maître de conférences, Université Côte d'Azur

1. Algorithme, *deep learning*, progiciel, API ou encore métadonnées tel est le nouveau vocabulaire de la justice à l'aune de sa révolution numérique. Après la « *révolution culturelle* »[172] qu'a induite la dématérialisation, une nouvelle révolution se prépare. Celle-ci emporte avec elle l'utilisation des algorithmes[173] qui laisse entrevoir l'émergence d'une nouvelle forme de justice.

2. Actant que le numérique est désormais incontournable[174], un des objets[175] des réformes contemporaines de la justice est de projeter le procès et l'administration de la justice dans un « *univers numérique* »[176]. Les enjeux sont duaux. Un service public numérique de la justice doit être offert aux citoyens et aux justiciables d'une part, et le numérique doit améliorer le travail des acteurs de la justice d'autre part. Afin d'être réussie, cette révolution numérique doit s'accorder avec les derniers progrès des *legaltechs.* Dans le domaine de la justice, depuis plusieurs années, des entreprises proposent des services juridiques fondés sur l'utilisation de la technologie. Dans un premier temps, les services de partage d'information ou les services documentaires se sont développés. S'en sont suivies les *legaltechs* relatives à l'« *aide à la production* »[177]. Et désormais, les *legaltechs*

---

[172] Rapport *Dématérialisation des procédures judiciaires en France et en Europe: l'équilibre des professions à l'épreuve de l'évolution culturelle*, Institut sur l'évolution des professions juridique (IEPJ) sept. 2011, p.6.

[173] Les algorithmes - ensemble fini et précis de règles opératoires dont l'application permet de résoudre un problème énoncé - « *hiérarchise(nt) l'information, devine(nt) ce qui nous intéresse, sélectionne(nt) les biens que nous préférons et s'efforce(nt) de nous suppléer dans de nombreuses taches* », D. Cardon, *À quoi rêvent les algorithmes. Nos vies à l'heure des big data,* Seuil, 2015, p.7.

[174] N. Fricero, « Plaidoyer pour un procès civil disruptif et pour une mutation anthropologique des acteurs judiciaires... », *JCP éd. G.* n°50, 11 déc. 2017, p.2253.

[175] Le rapport du chantier de la justice Transformation numérique est sans ambiguïté sur cette finalité ; Rapp. chantier de la justice Transformation numérique (Livret 1).

[176] S. Amrani-Mekki, « Les chantiers de la justice Numérique, Procédure civile et Réseau des juridictions : le rationnel est-il toujours raisonnable ? *Gaz. pal.* 6 fév. 2018, p.67, n°1

[177] O. Chaduteau, Interview par L. Garnerie, *Gaz. pal.* 24 janv. 2017, p.9.

« *d'aide à la décision* »[178], voire décisionnelles émergent. Au titre de ces dernières générations de *legaltechs* est née la justice prédictive.

3. Le Rapport sur l'*open data* des décisions de justice en date de novembre 2017 définit[179] la justice prédictive comme un « *ensemble d'instruments développés grâce à l'analyse de grandes masses de données de justice qui proposent, notamment à partir d'un calcul de probabilités, de prévoir autant qu'il est possible l'issue d'un litige* »[180]. La justice prédictive est une analyse algorithmique de données préexistantes permettant de quantifier les chances de réussite d'une action ou d'en anticiper les risques. La justice prédictive doit être distinguée d'autres méthodologies existantes, notamment des barèmes et des systèmes experts[181].

Un barème est un ensemble de données chiffrées qui indique un résultat. Un système expert traduit des critères légaux en instructions mathématiques, afin d'obtenir un résultat suivant un certain nombre de calculs. Les barèmes, les systèmes experts et la justice prédictive « *ont en commun de comporter un effet performatif* »,[182] car ils ont pour point commun de délivrer un résultat. Mais contrairement aux barèmes et aux systèmes experts, la justice prédictive repose sur une analyse de donnée préexistante. La justice prédictive est une technique fondée sur la jurisprudence qui est appréhendée comme une donnée à traiter ; données traitées pas des algorithmes afin de délivrer la potentielle issue d'un litige.

4. En ce qu'elle se propose de prévoir l'issue d'un litige, la justice prédictive est à distinguer de la justice artificielle. Ces deux types de justice ont pour point commun d'associer les algorithmes et

---

[178] D. Iweins, « La justice prédictive, nouvel allié des professionnels du droit ? », *Gaz. pal.* 3 janv. 2017, p.5.

[179] Les écueils liés à l'expression *justice predictive* sont connues. Pour un résumé, v. not. L. Godefroy, F. Lebaron, J. Lévy-Vehel, Rapport Droit et Justice, Comment le numérique transforme le droit et la justice vers de nouveaux usages et un bouleversement de la prise de décision, juillet 2019, p.7.

[180] Rapport de la Commission L. Cadiet, *L'open data des décisions de justice*, Mission d'étude et de préfiguration sur l'ouverture au public des décisions de justice, nov. 2017.

[181] En ce sens, v. Rapport Droit et Justice, préc. p.54

[182] *Ibid.*

l'intelligence artificielle[183] afin de délivrer une solution. Mais, ces deux associations de la justice à la technologie sont à distinguer. La justice prédictive renvoie à un traitement algorithmique qui détermine les « *prévisibilités* »[184] de l'issue d'un litige. Il s'agit d'une technologie de la « *probabilité* »[185]. En ce sens, la justice prédictive n'a qu'une fonction « *spéculative* »[186]. Afin d'être opératoire, la justice prédictive doit trouver un prolongement. Celui-ci peut s'effectuer par le biais soit d'une intervention humaine, soit d'une intervention artificielle. La justice artificielle renvoie, quant à elle, à la fonction de juger. Notamment par le recours au *deep learning,* l'administration procédurale du conflit et l'application de la loi pour déterminer une solution se robotisent. Dès lors, *a contrario* de la justice prédictive, la justice artificielle a une fonction « *opérative* »[187].

5. Depuis l'adoption de la loi pour une République numérique[188] et l'essor conjugué des *legaltechs*, la justice prédictive fait l'objet d'une littérature abondante laquelle en délivre parfois une représentation allégorique, voire fantasmatique. Si l'avènement du « *juge-robot* »[189] est probablement encore lointain, la justice prédictive est une réalité. À en croire le rapport de la mission d'information sur le redressement de la justice, présenté au Sénat le 4 avril 2017, la justice prédictive pourrait participer dans les cinq prochaines années à « *sauver la justice !* »[190] Aussi, le rapport de la commission CADIET[191]

---

[183] Deux types d'intelligence artificielle peuvent être distinguées. L'intelligence artificielle faible est une simulation de l'intelligence, soit un simple mimétisme programmé du comportement humain. L'intelligence artificielle forte est une production de l'intelligence, c'est-à-dire une capacité à développer un raisonnement - voire une conscience et des sentiments - humain.

[184] Rapport, *L'open data des décisions de justice*, préc., n°15, p.24.

[185] *Ibid.*

[186] T. Thomas Cassuto, « La justice à l'épreuve de sa prédictibilité », *AJ Pénal* 2017, p.334.

[187] *Ibid.*

[188] Loi n° 2016-1321 du 7 oct. 2016 pour une République numérique, *JORF* 8 oct. 2016.

[189] Sur cette expression, v. M.-C. Lasserre, « L'intelligence artificielle au service du droit : la justice prédictive, la justice du futur ? », *LPA* 30 juin 2017, p.6, n°18.

[190] Rapport d'information fait *au nom de la commission des lois constitutionnelles, de législation, du suffrage universel, du Règlement et d'administration générale par la mission d'information sur le* redressement *de la* justice, *Cinq ans pour sauver la justice !,* Sénat, *Rapport d'information n° 495 (2016-2017),* 4 avr. 2017

recommande de réguler le recours aux nouveaux outils de justice prédictive. Le *Rapport Chantier de la justice Transformation numérique* n'exclut pas le recours à la justice prédictive. Et la loi n°2019-222 du 23 mars 2019 de programmation 2018-2022 et de réforme pour la justice (Loi PRJ) « *sans consacrer* »[192] la justice prédictive ne l'« *enterre* »[193] pas.

La réalité de la justice prédictive a été appréhendée dans de nombreux rapports et fait l'objet de nombreuses études. Pour autant, aucune réglementation spécifique à la justice prédictive n'existe. Ce déficit ne signifie pas le rejet ou l'interdiction de recourir à la justice prédictive. Au contraire, sans le dire, les dernières réformes affirment implicitement, mais progressivement, la place de la justice prédictive dans le système juridique français. Cette place s'affirme, voire s'impose, par le biais d'outils qui offrent les moyens d'utilisation de la justice prédictive (I). Et cette place s'affirme à travers la réglementation des algorithmiques qui indirectement encadre la justice prédictive (II).

I. Le recours inéluctable à la justice prédictive par l'utilisation de nouveaux outils numériques

6. Ni consacré ni rejeté par les textes, le recours à la justice prédictive est pourtant inéluctable. Celui-ci apparaît inexorable en raison de la consécration de nouveaux outils numérique et du potentiel offert par les nouvelles technologies. Ainsi dans la phase amiable, il apparaît que les plateformes numériques de règlement alternatif du différend sont un outil favorisant le recours à la justice prédictive (A). Et, de manière plus générale, les algorithmes de modélisation sont une technique promouvant le recours à la justice prédictive (B).

---

[191] Rapport, *L'open data des décisions de justice*, Mission d'étude et de préfiguration sur l'ouverture au public des décisions de justice, nov. 2017.

[192] J.-B. Thierry, « La loi n°2019-222 du 23 mars 2019, loi de réforme pour la justice numérique ? », *JCP éd. G.* n°13, 13 mai 2019, 524, n°10.

[193] *Ibid.*

A. LES PLATEFORMES NUMÉRIQUES DE RÉSOLUTION ALTERNATIVE DU DIFFÉREND, UN OUTIL FAVORISANT LE RECOURS À LA JUSTICE PRÉDICTIVE DANS LA PHASE NON CONTENTIEUSE

7. Dès sa genèse, la justice prédictive a été présentée comme une technologie apte à prévenir le contentieux en matière civile en favorisant la résolution amiable des conflits[194]. Le postulat est relativement simple[195]. Lorsque les chances de réussite données par la justice prédictive sont élevées pour le demandeur, ce dernier serait enclin à envisager une procédure amiable afin d'éviter un procès potentiellement long et coûteux[196]. Et face aux risques importants d'échec, le demandeur favoriserait une issue amiable, car il serait moins tenté d'agir. Ainsi envisagée, la justice prédictive est donc un nouveau moyen de promotion des modes alternatifs de résolution des différends.

8. L'approche de la justice prédictive comme un indicateur statistique apte à favoriser la négociation transparaît du *Rapport Chantier de la justice Transformation numérique*. La volonté y est claire : le recours au numérique doit être un moyen de limiter l'intervention du juge en incitant les parties à trouver un accord[197] ; à cette fin, le règlement alternatif des différends, via des plateformes[198], est préconisé et toutes les formes d'initiatives - acteurs privés y compris - sont encouragées[199]. Suivant le *Rapport Chantier de la justice Transformation numérique*, cet objectif est compatible avec les outils

---

[194] Proposition n°47, Rapport d'information, mission d'information sur le redressement de la justice, préc., p.138.

[195] Pour une lecture inverse, v. *infra* n°.

[196] Si ces négociations n'aboutissent pas, le demandeur « n'hésiterait pas à lancer la procédure », B. Dondero, « Justice prédictive : la fin de l'aléa judiciaire ? », préc., n°15.

[197] Le Président de la République, Emmanuel Macron, a exprimé le vœu que « *le numérique permette de résoudre plus rapidement des conflits de la vie quotidienne, simples, par le recours à la médiation en ligne* » ; *Gaz. pal.* n°11, 14 mars 2017, p.17 ; le rapport fait référence à ce souhait, Livret 1, p.11.

[198] Les plateformes de médiation en ligne se sont multipliées car la médiation n'est « *pas à un domaine monopolistique* », N. Fricero et F. Vert, « La médiation face aux enjeux du numérique et du service public de la justice : quelles perspectives ? », *D. actu.* 24 janv. 2018.

[199] Livret 1, prop. 1-2, p.11.

de la justice prédictive[200], car ces outils sont un moyen de faciliter les résolutions amiables grâce aux partages d'informations objectives.

Consacrant une proposition du *Rapport Chantier de la justice Transformation numérique*[201], la loi PRJ intègre dans le système juridique français - non sans critique eu égard à leur certification facultative[202] - les plateformes numériques de résolution alternative des litiges[203]. Les plateformes de médiation, de conciliation et d'arbitrage répondent aux objectifs pragmatique (désengorger les tribunaux) et substantiel (dégager un consensus entre les parties) des modes alternatifs de résolution des différends. Et en ce qu'elles reposent sur un outil numérique, ces plateformes peuvent utiliser la technologie de la justice prédictive. Aussi en ce qu'elles ont pour objet de participer à la résolution d'un différend, ces plateformes sont compatibles avec l'objet de la justice prédictive. Dès lors, si la loi PRJ ne consacre pas la justice prédictive, elle n'en interdit pas l'utilisation par les plateformes numériques de résolution alternative des litiges[204].

Une nouvelle forme de règlement alternatif est donc consacrée par la loi PRJ : le règlement alternatif numérique des différends. Celui-ci est consacré via un outil : les plateformes numériques. Et une technologie pourrait en favoriser la réussite : la justice prédictive.

9. Sans nier l'intérêt du recours à la justice prédictive dans la phase précontentieuse, son impact doit être bien mesuré, car la prédictibilité engendre un bouleversement de la conception traditionnelle des modes alternatifs. Suivant une définition classique, les modes alternatifs de règlement des différends renvoient à un ensemble de procédés visant à résoudre des litiges sans recourir à un juge. Ces modes alternatifs ont un contenu diversifié. Mais ils ont pour point commun de permettre une résolution négociée du litige. L'objectif est de trouver une

---

[200] Livret 1, prop. 1-3. 2.2, p.13.

[201] Rapport chantier de la justice, *Transformation numérique,* Livret 1, prop. 1-2, p.11.

[202] V. not. V. Lasserre, « Les failles de la régulation des services en ligne de médiation ou de conciliation », *JCP éd. G.* n°19, 13 mai 2019, 502, p.902, spéc. p. 903 ; décret n°2019-1089 du 25 octobre 2019 relatif à la certification des services en ligne de conciliation, de médiation et d'arbitrage.

[203] L. PRJ, art. 4.

[204] La loi PRJ en admet même implicitement l'utilisation en encadrant le fonctionnement des plateformes numériques de résolution amiable du litige, v. *infra.*

« *solution a-juridique* »[205] qui satisfait les intérêts des deux parties. Or, en introduisant la justice prédictive dans la phase de négociation, la conception des modes alternatifs risque de s'en trouver métamorphosée.

Les écueils opposés à l'engouement pour les modes alternatifs sont connus. La possible inégalité entre les parties est l'un d'eux. Indéniablement, la justice prédictive risque d'accentuer ce déséquilibre. En déterminant les prévisibilités de l'issue d'un litige, une position de force est conférée à l'une des parties. Or, l'octroi d'une telle position de force diminue, voire annihile toute idée de négociation. Au-delà des écueils classiques, le recours aux outils de la justice prédictive risque de modifier l'objet même du règlement alternatif. En effet, la justice prédictive est une technologie de la probabilité qui s'appuie sur une analyse de données jurisprudentielles préexistantes[206]. Dès lors, puisque la justice prédictive s'appuie sur la jurisprudence, l'application de la règle de droit est indirectement réintroduite dans le règlement alternatif. Aussi, puisque la justice prédictive est une technologie de la probabilité, les parties ne vont plus négocier une situation. Les parties vont négocier par rapport à un pourcentage de réussite d'une potentielle action judiciaire.

Surtout, la justice prédictive étant un indicateur basé sur une probabilité juridique, elle pourrait encourager le contentieux. Le postulat est simple, et inverse à celui précédemment énoncé. La partie à la probabilité favorable serait peu encline à faire des concessions, la partie à la probabilité défavorable pourrait vouloir "tenter sa chance" devant le juge. D'outil apte à favoriser la résolution amiable des litiges et donc à faire baisser les contentieux judiciaires, la justice prédictive serait alors un outil favorisant le contentieux.

10. Prolongeant un mouvement déjà engagé, un des objectifs de la réforme de la justice est clair : l'intervention du juge doit être limitée

---

[205] N. Fricero, *Procédure civile,* Gualino, Mémentos LMD, 14e éd., 2018-2019, p.32.

[206] La justice prédictive reposant sur une analyse statistique est actuellement prédominant et en application. Toutefois, il convient de préciser que la justice prédictive repose de manière plus large sur une analyse de donnée préexistante. Ainsi envisagée de manière plus large, la justice prédictive est duale (B. Dondero, « Justice prédictive : la fin de l'aléa judiciaire », *D.* 2017, p.532). Outre une analyse statistique, la justice prédictive peut également se fonder sur une analyse sémantique, v. par exemple : Aletras et al (2016), Predicting judicial decisions of the European Court of Human Rights: a Natural Language Processing perspective. PeerJ Comput. Sci. 2:e93; DOI 10.7717/peerj-cs.93.

en favorisant les modes alternatifs de résolution des différends via les plateformes numériques qui peuvent utiliser la justice prédictive. Indéniablement, la justice prédictive est apte à favoriser la résolution alternative des conflits, mais au prix d'une déstructuration des modes alternatifs[207]. Si la justice prédictive laisse entrevoir une modification de la conception des modes alternatifs, elle a également un impact sur la phase contentieuse. Les algorithmes de modélisation pourraient même en encourager le recours.

B. LES ALGORITHMES DE MODÉLISATION, UNE TECHNIQUE PROMOUVANT LE RECOURS À LA JUSTICE PRÉDICTIVE

11. En l'état de la législation, rien ne s'oppose à l'utilisation des données pures de la justice prédictive tant dans la phase amiable que celle contentieuse. Dans ce dernier cas, la prédictibilité emporte un risque de multiple fois dénoncé : celui de conservatisme du droit lié à l'effet performatif négatif de la justice prédictive. La justice prédictive comporterait un effet autoréalisateur et une gouvernance algorithmique. En d'autres termes, si les justiciables agissent uniquement en raison de leur chance de réussite pronostiquée par la justice prédictive, par répercussion et sous réserve de la réception des données prédictives par le juge[208], le taux de réussite pour une action donnée devrait augmenter. La prévisibilité et la sécurité juridique gagneraient en efficacité. Toutefois, la justice prédictive étant actuellement fondée sur des données jurisprudentielles,

---

[207] Si un jour la prédictibilité se prolonge dans la justice artificielle, une disparition des règlements amiables est à craindre. Car dans ce cas, la justice prédictive, qui a une fonction « *spéculative* » (T. Thomas Cassuto, « La justice à l'épreuve de sa prédictibilité », *préc.*), deviendrait opératoire par le biais d'une intervention artificielle. Il en résulterait que la phase non contentieuse serait automatisée et sans aucune intervention humaine.

[208] « Le risque des logiciels prédictifs est que le juge, sous l'effet de la surveillance résultant d'un traitement massif des décisions de justice, perde sa liberté d'appréciation et son indépendance et préfère se ranger, par « sécurité », à l'opinion dominante ou majoritaire de ses pairs » ; Intervention de Jean-Marc Sauvé, Vice-président du Conseil d'État, lors du colloque « *La justice prédictive* » organisé par l'Ordre des avocats au Conseil d'État et à la Cour de cassation, Cour de cassation, 12 février 2018, dispo. : http://www.conseil-etat.fr/Actualites/Discours-Interventions/La-justice-predictive

progressivement, la règle du précédent émergerait dans notre système et à terme une règle du précèdent algorithmique naîtrait. Cette dernière emporterait le risque de paralysie du droit. Car il ne faut pas s'y tromper, la justice prédictive est incontestablement une nouvelle technologie, mais extrêmement « *conservatrice* »[209].

12. Les critiques, voire les fantasmes, autour de la justice prédictive en occultent souvent la potentialité. Car la justice prédictive ne repose plus uniquement sur des algorithmes statistiques.

Dans un premier temps, la justice prédictive s'est fondée sur des algorithmes statistiques permettent de traiter des affaires par mots-clés, ou encore d'évaluer des moyennes par exemple du montant d'indemnités.

Désormais, la justice prédictive se fonde également sur des algorithmes de modélisation[210] ; algorithmes qui permettent de dégager des solutions suivant un modèle. Techniquement, pour un contentieux précis, les principaux critères de droit et de fait sur lesquels s'appuie un juge pour prendre sa décision sont déterminés. Puis à partir de ces critères, des modèles mathématiques sont créés, modèles qui intègrent un large éventail de décisions pour tenir compte de l'aléa judiciaire.

13. En outre, la justice prédictive possède des avantages, car la prédiction n'est pas la prescription d'une solution. Dès lors, si la justice prédictive est incontestablement un indicateur statistique qui a pour objet de quantifier les chances de réussite d'une action ou d'en anticiper les risques, il n'en reste pas moins que cette technologie peut être utilisée à différentes fins qui varient en fonction des acteurs. En effet, la mise à disposition des décisions confère la possibilité « *de*

---

[209] « *La Justice ne peut être prédictive que par l'analyse de décisions passées offrant la probabilité d'une solution donnée. Autant dire que, paradoxalement, cette justice du futur est éminemment conservatrice* » ; Allocution de Monsieur Jean-Claude Marin, procureur général près la Cour de cassation, lors du colloque « *La justice prédictive* » organisé par l'Ordre des avocats au Conseil d'État et à la Cour de cassation, Cour de cassation, 12 février 2018, dispo. : https://www.courdecassation.fr/publications_26/prises_parole_2039/discours_2202/marin_procureur_7116/justice_predictive_38599.html

[210] Rapport Droit et Justice, préc.

multiplier les usages et de favoriser, ainsi, des usages nouveaux de ces données » jurisprudentielles[211].

En ce que la justice prédictive repose sur une analyse de donnée préexistante, elle peut être utilisée comme moteur de recherche afin de servir à une argumentation éclairée pour les avocats. La justice prédictive sert à « *défendre avec efficacité les intérêts de son client* »[212] lors d'un procès.

Concernant le juge, les algorithmes font naître la pensée dérangeante que son indépendance et sa liberté pourraient être bridées, voire altérées par les algorithmes de justice prédictive. L'effet performatif négatif ne doit pas occulter l'effet performatif positif. Les résultats de la justice prédictive peuvent être « *conçus et perçus comme auxiliaire au processus de décision* »[213] dans lequel l'indépendance du juge est préservée.

14. Une prise en compte des algorithmes prédictifs au stade de la phase contentieuse sans être consacrée n'est pas exclue. Une telle prise en compte ne manquera pas de susciter un contentieux qui renouvellera les problématiques juridiques liées notamment à l'égalité des armes ou encore au principe du contradictoire. Dès lors, l'encadrement de la justice prédictive apparaît nécessaire. Explicitement aucun encadrement de la justice prédictive n'existe. Cependant, des dispositions de la loi PRJ concernent le recours aux algorithmes et d'autres sont relatives à l'utilisation de certaines données des décisions de justice. Or la justice prédictive fonctionne sur la base de données judiciaire traitées par algorithmes. Il en résulte une reconnaissance implicite de la justice prédictive par un encadrement des traitements algorithmiques.

---

[211] CNIL et CADA, *Guide pratique de la publication en ligne et de la réutilisation des données publiques (open data)*, https://www.cnil.fr/sites/default/files/atoms/files/guide_open_data.pdf, 2019, p. 18.

[212] S. David, « Méthodes de calcul de la prestation compensatoire », *AJ fam.* 2015, 286.

[213] Avis consultatif des juges européens (CCJE), n°14, *Justice et technologies de l'information (TI)*, Strasbourg, 9 nov. 2011, §27, cité *in* Rapport Droit et Justice, p.58.

II. La reconnaissance implicite de la justice prédictive par l'émergence d'un encadrement algorithmique

15. La loi PRJ ne consacre pas la justice prédictive. Toutefois, la loi PRJ reconnaît implicitement la justice prédictive. L'émergence d'une réglementation de la justice prédictive ressort d'un double encadrement. D'une part, un encadrement concerne le consentement à la justice prédictive et se manifeste par le biais d'une exigence de transparence (A). D'autre part, un encadrement concerne la réglementation des données à finalité prédictive qui limite la portée de la justice prédictive (B).

A. LE CONSENTEMENT À LA JUSTICE PRÉDICTIVE, L'ÉMERGENCE D'UN PRINCIPE DE TRANSPARENCE ALGORITHMIQUE

16. Les algorithmes sont un ensemble fini et précis de règles opératoires dont l'application permet de résoudre un problème énoncé[214]. En ce sens, les algorithmes devraient être objectifs. Pourtant, un déficit de neutralité peut affecter ces algorithmes de traitement, qu'ils soient ou non autoapprenants. Lorsque les algorithmes sont conduits suivant les données de leurs concepteurs, le risque est une reproduction par les algorithmes des « *biais* »[215] de leur concepteur ; lorsque les algorithmes sont autoapprenant, le risque est une exploitation par les algorithmes de données acquises partiales. Les algorithmes ne peuvent donc être présumés comme produisant une information neutre[216].

À supposer que les algorithmes soient neutres, afin qu'ils délivrent une information objective, les algorithmes doivent encore reposer sur une complétude et une pertinence de l'information. L'algorithme fonctionne par comparaison entre l'affaire en cause et le profil

---

[214] D. Cardon, À quoi rêvent les algorithmes. Nos vies à l'heure des big data, Seuil, 2015, p.7.

[215] P. Cornille, « Justice prédictive : est-ce un oxymore ? », *AJFI*, juillet 2018, rep. 7.

[216] En ce sens, v. not. Intervention de Jean-Marc Sauvé, Vice-président du Conseil d'État, lors du colloque « La justice prédictive » organisé par l'Ordre des avocats au Conseil d'État et à la Cour de cassation, Cour de cassation, 12 février 2018, dispo. : http://www.conseil-etat.fr/Actualites/Discours-Interventions/La-justice-predictive

générique d'un groupe d'affaires « *gémellaires* »[217]. Dès lors, il est impératif que les données du groupe gémellaire soient similaires à celle de l'affaire en cause, et qu'elles aient été collectées en nombre suffisant pour la pertinence du résultat[218].

17. Le recours au traitement algorithmique n'est pas dénué de risque. C'est pourquoi le traitement des données doit être explicite et transparent[219]. Ces exigences sont impératives afin que les différents protagonistes d'une affaire puissent débattre tant du contenu que des résultats algorithmiques. Le rapport de la commission CADIET recommandait de réguler le recours aux nouveaux outils de justice prédictive par l'édiction d'une obligation de transparence des algorithmes. La loi du 23 mars 2019 pose les jalons d'un principe de transparence algorithmique. Celui-ci concerne les services en ligne de règlement alternatif des différends et donc potentiellement la justice prédictive.

18. Conformément à l'article 4-3 de la loi J21 créé par l'article 4 de la loi PRJ, les services en ligne de conciliation, de médiation ou d'arbitrage tels que définis aux nouveaux articles 4-1 et 4-2 de la loi J21 *« ne peuvent avoir pour seul fondement un traitement algorithmique ou automatisé de données à caractère personnel ».* Pour autant, le fonctionnement des plateformes numériques de résolution amiable des litiges n'exclut par tout traitement algorithmique ou automatisé de données à caractère personnel. Le recours à un tel service est néanmoins conditionné. Les parties doivent en être informées et expressément y consentir[220].

Et afin de garantir l'effectivité du consentement, un droit à l'information y est adjoint[221].

---

[217] Le terme est utilisé concernant les logiciels de recidives, mais une analogie peut être faite. F. Defferrard et Ch. Papineau, « Le pouvoir de *jurisdictio* des algorithmes aux États-Unis : entre fantasme et réalité jurisprudentielle », *Dalloz IP/IT* 2017, p.668.

[218] *Ibid.*

[219] Sur ce point, le rapport de la commission CADIET recommande de réguler le recours aux nouveaux outils de justice prédictive par l'édiction d'une obligation de transparence des algorithmes ; Rapport, L'open data des décisions de justice, Mission d'étude et de préfiguration sur l'ouverture au public des décisions de justice, nov. 2017.

[220] Loi J.21, art. 4-3 créé par Loi PRJ, art. 4.

[221] Loi J.21, art. 4-3 créé par Loi PRJ, art. 4.

Les parties doivent être informées par une mention explicite du recours à un traitement algorithmique des données à caractères personnels.
En plus, mais à la demande de l'une des parties, les règles du traitement algorithmique peuvent être délivrées et ses principales caractéristiques de mise en œuvre obtenues. Est ainsi consacrée une exigence de transparence du traitement algorithmique à l'instar de celle existant pour les décisions individuelles de l'administration[222].
Enfin et toujours à la demande de toute partie, le responsable du traitement algorithmique doit délivrer sous une forme intelligible des renseignements sur la mise en œuvre du traitement. Cette dernière exigence pose des difficultés, car si l'intelligibilité participe à concrétiser l'exigence de transparence, il n'en reste pas moins que « *l'explicabilité des algorithmes* »[223] est complexe. À titre d'exemple la diffusion de l'algorithme sur lequel se fonde une plateforme a été avancée comme une solution afin de respecter l'exigence de transparence et une solution propice à accroître la confiance des justiciables. À ce titre, le code source de la technologie utilisé pour une plateforme traitant les litiges commerciaux B to B a été mis en ligne[224]. Cet *open source* - qui est une ouverture de code sous licence MIT - participe indéniablement à l'exigence de transparence, en revanche il n'est pas certain que l'exigence d'intelligibilité soit effective. En définitive, un principe de transparence tend à émerger par le biais d'une réglementation des algorithmes, réglementation qui limite également la portée de la justice prédictive.

B. LA PORTÉE LIMITÉE DE LA JUSTICE PRÉDICTIVE, LA RÉGLEMENTATION DES DONNÉES À FINALITÉ PRÉDICTIVE

19. La justice prédictive repose actuellement sur un traitement de la jurisprudence. Ce traitement algorithmique de données judiciaires est à mettre en parallèle avec la mise à disposition des dites données.

---

[222] C. des relations entre le public et l'administration, art. L. 311-3-1.
[223] Le journal Le Monde, dans son édition en date du 1er septembre 2019, titrait un de ses articles : *L'explicabilité des algorithmes est-elle un droit fondamentale* ?
[224] Le code source de la technologie développée par Seraphin.legal pour FastArbitre, publiée sous licence MIT, est accessible en ligne et réutilisable : https://github.com/Open-Justice/ODR

L'article 33, IV de la loi PRJ, modifiant l'article L. 113-13 du COJ, consacre le principe d'une mise à disposition du public des décisions. Suivant ce principe, les décisions *« sont mises à la disposition du public à titre gratuit sous forme électronique »*[225]. Il en résulte que l'*open data* des décisions de justice profite aux *legaltech* de justice prédictive.

20. En principe, la mise à disposition des décisions ne souffre d'aucune restriction. En revanche, elle emporte des obligations pour les fournisseurs de données, notamment le travail d'anonymisation des décisions[226]. Concernant les réutilisateurs des données jurisprudentielles, la loi PRJ encadre le traitement de certaines informations. Tous les éléments à visée d'évaluation, d'analyse, de comparaison ou de prédiction des pratiques professionnelles des magistrats et des membres du greffe sont prohibés. En d'autres termes, les données d'identité des magistrats et greffiers ne peuvent pas être utilisées afin de faire des projections de leur pratique professionnelle, que ces pratiques soient réelles ou supposées n'a pas d'incidence. Cet encadrement est prévu à l'alinéa 3 de l'article L. 111-13 du COJ dans sa rédaction issue de l'article 33, IV de la loi PRJ. En cas de violation de l'interdiction liée à l'exploitation des données d'identité des magistrats et des membres du greffe, des sanctions pénales sont prévues[227].

21. En définitive, l'*open data* ne signifie pas que les données mises à disposition peuvent être utilisées à toute fin. Certes, la mise à disposition des décisions participe et encourage le développement des *legaltechs* notamment de justice prédictive. En même temps, l'encadrement des données à finalité comparative ou prédictive limite la portée de la justice prédictive.

L'utilisation de données d'identité à des fins comparatives ou prédictives est prohibée. En d'autres termes, les *legaltechs* de justice prédictive ne peuvent pas se servir de données d'identité afin de profiler les magistrats et les membres du greffe. La portée de la justice prédictive est ainsi limitée, cette technologie ne peut pas être

225 COJ, art. L. 113-13.
226 V. dans cet ouvrage la contribution de S. Druffin-Bricca.
227 COJ, art. L.111-13, al. 3, mod. par L. PRJ, art. 33, IV.

employée afin de mettre en concurrence les magistrats, voire de choisir son juge.

Par cette réglementation, la loi du 23 mars 2019 anticipe certains écueils portés à la justice prédictive. En revanche, rien n'est précisé sur l'exploitation de données permettant de révéler les disparités entre juridictions. Dès lors, s'il n'est pas possible de choisir son juge ; l'exploitation de la justice prédictive à des fins de *forum shopping* ne semble pas prohibée.

22. La justice prédictive est une réalité qui tend à être réglementée et qui doit être exploitée en raison de ses potentialités. Car il convient de garder à l'esprit qu'en soi la justice prédictive n'a pas vocation à se substituer au juge et ne signifie pas l'avènement du robot-juge apte à rendre une décision motivée en toute matière sur tout litige.

ANNEXE

Décret n° 2019-1333 du 11 décembre 2019 réformant la procédure civile, JORF n°0288 du 12 décembre 2019

(...)

Section 1 : La simplification des modes de saisine

Article 1

Les articles 54 à 58 du code de procédure civile sont remplacés par les dispositions suivantes :

« Art. 54.-La demande initiale est formée par assignation ou par requête remise ou adressée au greffe de la juridiction. La requête peut être formée conjointement par les parties.

« Lorsqu'elle est formée par voie électronique, la demande comporte également, à peine de nullité, les adresse électronique et numéro de téléphone mobile du demandeur lorsqu'il consent à la dématérialisation ou de son avocat. Elle peut comporter l'adresse électronique et le numéro de téléphone du défendeur.

« À peine de nullité, la demande initiale mentionne :

« 1° L'indication de la juridiction devant laquelle la demande est portée ;

« 2° L'objet de la demande ;

« 3° a) Pour les personnes physiques, les nom, prénoms, profession, domicile, nationalité, date et lieu de naissance de chacun des demandeurs ;

« b) Pour les personnes morales, leur forme, leur dénomination, leur siège social et l'organe qui les représente légalement ;

« 4° Le cas échéant, les mentions relatives à la désignation des immeubles exigées pour la publication au fichier immobilier ;

« 5° Lorsqu'elle doit être précédée d'une tentative de conciliation, de médiation ou de procédure participative, les diligences entreprises en vue d'une résolution amiable du litige ou la justification de la dispense d'une telle tentative ;

« 6° L'indication des modalités de comparution devant la juridiction et la précision que, faute pour le défendeur de comparaître, il s'expose à ce qu'un jugement soit rendu contre lui sur les seuls éléments fournis par son adversaire.

« Art. 55.-L'assignation est l'acte d'huissier de justice par lequel le demandeur cite son adversaire à comparaître devant le juge.

« Art. 56.-L'assignation contient à peine de nullité, outre les mentions prescrites pour les actes d'huissier de justice et celles énoncées à l'article 54 :

« 1° Les lieu, jour et heure de l'audience à laquelle l'affaire sera appelée ;

« 2° Un exposé des moyens en fait et en droit ;

« 3° La liste des pièces sur lesquelles la demande est fondée dans un bordereau qui lui est annexé.

« L'assignation précise également, le cas échéant, la chambre désignée.

« Elle vaut conclusions.

(...)

Section 2 : La simplification des exceptions d'incompétence

Article 2

Le code de procédure civile est ainsi modifié :

1° A l'article 76, il est ajouté au début du premier alinéa les mots suivants : « Sauf application de l'article 82-1, » ;

2° La sous-section 1 de la section 1 du chapitre II du titre V du livre I est complétée par un article 82-1 ainsi rédigé :

« Art. 82-1.-Par dérogation aux dispositions de la présente sous-section, les questions de compétence au sein d'un tribunal judiciaire peuvent être réglées avant la première audience par mention au dossier, à la demande d'une partie ou d'office par le juge.

« Les parties ou leurs avocats en sont avisés sans délai par tout moyen conférant date certaine.

« Le dossier de l'affaire est aussitôt transmis par le greffe au juge désigné.

« La compétence du juge à qui l'affaire a été ainsi renvoyée peut être remise en cause par ce juge ou une partie dans un délai de trois mois.

« Dans ce cas, le juge, d'office ou à la demande d'une partie, renvoie l'affaire par simple mention au dossier au président du tribunal judiciaire. Le président renvoie l'affaire, selon les mêmes modalités, au juge qu'il désigne. Sa décision n'est pas susceptible de recours.

« La compétence du juge peut être contestée devant lui par les parties. La décision se prononçant sur la compétence peut faire l'objet d'un appel dans les conditions prévues à la sous-section 2 de la présente section. »

Section 3 : L'instauration du principe de l'exécution provisoire de droit

Article 3

Le code de procédure civile est ainsi modifié :

1° L'article 489 est ainsi modifié :
a) Le premier alinéa est supprimé ;
b) Au second alinéa, après les mots : « l'exécution », sont insérés les mots : « de l'ordonnance de référé » ;
2° Le chapitre IV du titre XV du livre Ier est remplacé par les dispositions suivantes :
« Art. 514.-Les décisions de première instance sont de droit exécutoires à titre provisoire à moins que la loi ou la décision rendue n'en dispose autrement.

« Section 1
« L'exécution provisoire de droit

« Art. 514-1.-Le juge peut écarter l'exécution provisoire de droit, en tout ou partie, s'il estime qu'elle est incompatible avec la nature de l'affaire.
« Il statue, d'office ou à la demande d'une partie, par décision spécialement motivée.
« Par exception, le juge ne peut écarter l'exécution provisoire de droit lorsqu'il statue en référé, qu'il prescrit des mesures provisoires pour le cours de l'instance, qu'il ordonne des mesures conservatoires ainsi que lorsqu'il accorde une provision au créancier en qualité de juge de la mise en état.

« Art. 514-2.-Sans préjudice des dispositions de l'article 514-3, l'exécution provisoire de droit ne peut être écartée que par la décision en cause.

« Art. 514-3.-En cas d'appel, le premier président peut être saisi afin d'arrêter l'exécution provisoire de la décision lorsqu'il existe un moyen sérieux d'annulation ou de réformation et que l'exécution risque d'entraîner des conséquences manifestement excessives.
« La demande de la partie qui a comparu en première instance sans faire valoir d'observations sur l'exécution provisoire n'est recevable que si, outre l'existence d'un moyen sérieux d'annulation ou de réformation, l'exécution provisoire risque d'entraîner des conséquences manifestement excessives qui se sont révélées postérieurement à la décision de première instance.
« En cas d'opposition, le juge qui a rendu la décision peut, d'office ou à la demande d'une partie, arrêter l'exécution provisoire de droit lorsqu'elle risque d'entraîner des conséquences manifestement excessives.

« Art. 514-4.-Lorsque l'exécution provisoire de droit a été écartée en tout ou partie, son rétablissement ne peut être demandé, en cas d'appel, qu'au premier président ou, dès lors qu'il est saisi, au magistrat chargé de la mise en état et à condition qu'il y ait urgence, que ce rétablissement soit compatible avec la nature de l'affaire et qu'il ne risque pas d'entraîner des conséquences manifestement excessives.

« Art. 514-5.-Le rejet de la demande tendant à voir écarter ou arrêter l'exécution provisoire de droit et le rétablissement de l'exécution provisoire de droit peuvent être subordonnés, à la demande d'une partie ou d'office, à la constitution d'une garantie, réelle ou personnelle, suffisante pour répondre de toutes restitutions ou réparations.

« Art. 514-6.-Lorsqu'il est saisi en application des articles 514-3 et 514-4, le premier président statue en référé, par une décision non susceptible de pourvoi.

« Section 2
« L'exécution provisoire facultative

« Art. 515.-Lorsqu'il est prévu par la loi que l'exécution provisoire est facultative, elle peut être ordonnée, d'office ou à la demande d'une partie, chaque fois que le juge l'estime nécessaire et compatible avec la nature de l'affaire.
« Elle peut être ordonnée pour tout ou partie de la décision.

« Art. 516.-L'exécution provisoire ne peut être ordonnée que par la décision qu'elle est destinée à rendre exécutoire, sous réserve des dispositions des articles 517-2 et 517-3.

« Art. 517.-L'exécution provisoire peut être subordonnée à la constitution d'une garantie, réelle ou personnelle, suffisante pour répondre de toutes restitutions ou réparations.

« Art. 517-1.-Lorsque l'exécution provisoire a été ordonnée, elle ne peut être arrêtée, en cas d'appel, que par le premier président et dans les cas suivants :
« 1° Si elle est interdite par la loi ;
« 2° Lorsqu'il existe un moyen sérieux d'annulation ou de réformation de la décision et que l'exécution risque d'entraîner des conséquences manifestement excessives ; dans ce dernier cas, le premier président peut aussi prendre les mesures prévues aux articles 517 et 518 à 522.
« Le même pouvoir appartient, en cas d'opposition, au juge qui a rendu la décision lorsque l'exécution risque d'entraîner des conséquences manifestement excessives.

« Art. 517-2.-Lorsque l'exécution provisoire a été refusée, elle ne peut être demandée, en cas d'appel, qu'au premier président ou, dès lors qu'il est saisi, au magistrat chargé de la mise en état et à condition qu'il y ait urgence.

« Art. 517-3.-Lorsque l'exécution provisoire n'a pas été demandée, ou si, l'ayant été, le juge a omis de statuer, elle ne peut être demandée, en cas d'appel, qu'au premier président ou, dès lors qu'il est saisi, au magistrat chargé de la mise en état.

« Art. 517-4.-Lorsqu'il est saisi en application des articles 517-1,517-2 et 517-3, le premier président statue en référé, par une décision non susceptible de pourvoi.

« Section 3
« Dispositions communes
(...)

Section 4 : La procédure applicable au tribunal judiciaire, au tribunal de commerce et au tribunal paritaire des baux ruraux

Article 4
I.-Le titre Ier du livre II du code de procédure civile est remplacé par les dispositions suivantes :

« Titre IER
« DISPOSITIONS PARTICULIÈRES AU TRIBUNAL JUDICIAIRE

« Sous-titre IER
« DISPOSITIONS COMMUNES

« Chapitre Ier
« L'introduction de l'instance

« Art. 750.-La demande en justice est formée par assignation.
« Elle peut l'être également par requête lorsque le montant de la demande n'excède pas 5 000 euros en procédure orale ordinaire ou dans certaines matières fixées par la loi ou le règlement.
« Dans tous les cas, les parties peuvent saisir la juridiction par une requête conjointe.

« Art. 750-1.-A peine d'irrecevabilité que le juge peut prononcer d'office, la demande en justice doit être précédée, au choix des parties, d'une tentative de conciliation menée par un conciliateur de justice, d'une tentative de médiation ou d'une tentative de procédure participative, lorsqu'elle tend au paiement d'une somme n'excédant pas 5 000 euros ou lorsqu'elle est relative à l'une des actions mentionnées aux articles R. 211-3-4 et R. 211-3-8 du code de l'organisation judiciaire.
« Les parties sont dispensées de l'obligation mentionnée au premier alinéa dans les cas suivants :
« 1° Si l'une des parties au moins sollicite l'homologation d'un accord ;
« 2° Lorsque l'exercice d'un recours préalable est imposé auprès de l'auteur de la décision ;
« 3° Si l'absence de recours à l'un des modes de résolution amiable mentionnés au premier alinéa est justifiée par un motif légitime tenant soit à l'urgence manifeste soit aux circonstances de l'espèce rendant impossible une telle tentative ou nécessitant qu'une décision soit rendue non contradictoirement soit à l'indisponibilité de conciliateurs de justice entraînant l'organisation de la première réunion de conciliation dans un délai manifestement excessif au regard de la nature et des enjeux du litige ;
« 4° Si le juge ou l'autorité administrative doit, en application d'une disposition particulière, procéder à une tentative préalable de conciliation.

« Section 1
« L'introduction de l'instance par assignation
« Art. 751.-La demande formée par assignation est portée à une audience dont la date est communiquée par tout moyen au demandeur selon des modalités définies par arrêté du garde des sceaux.
« Art. 752.-Lorsque la représentation par avocat est obligatoire, outre les mentions prescrites aux articles 54 et 56, l'assignation contient à peine de nullité :
« 1° La constitution de l'avocat du demandeur ;
« 2° Le délai dans lequel le défendeur est tenu de constituer avocat.
« Le cas échéant, l'assignation mentionne l'accord du demandeur pour que la procédure se déroule sans audience en application de l'article L. 212-5-1 du code de l'organisation judiciaire.

« Art. 753.-Lorsque la représentation par avocat n'est pas obligatoire, l'assignation contient, à peine de nullité, outre les mentions prescrites aux articles 54 et 56, les nom, prénoms et adresse de la personne chez qui le demandeur élit domicile en France lorsqu'il réside à l'étranger.
« Le cas échéant, l'assignation mentionne l'accord du demandeur pour que la procédure se déroule sans audience en application de l'article L. 212-5-1 du code de l'organisation judiciaire.
« L'acte introductif d'instance rappelle en outre les dispositions de l'article 832 et mentionne les conditions dans lesquelles le défendeur peut se faire assister ou représenter, ainsi que, s'il y a lieu, le nom du représentant du demandeur.

« Art. 754.-La juridiction est saisie, à la diligence de l'une ou l'autre partie, par la remise au greffe d'une copie de l'assignation.
« La copie de l'assignation doit être remise dans le délai de deux mois suivant la communication

de la date d'audience par la juridiction effectuée selon les modalités prévues à l'article 748-1.
« Toutefois, la copie de l'assignation doit être remise au plus tard quinze jours avant la date de l'audience lorsque :
« 1° La date d'audience est communiquée par la juridiction selon d'autres modalités que celles prévues à l'article 748-1 ;
« 2° La date d'audience est fixée moins de deux mois après la communication de cette date par la juridiction selon les modalités prévues à l'article 748-1.
« La remise doit avoir lieu dans les délais prévus aux alinéas précédents sous peine de caducité de l'assignation constatée d'office par ordonnance du juge, ou, à défaut, à la requête d'une partie.

« Art. 755.-En cas d'urgence, les délais de comparution et de remise de l'assignation peuvent être réduits par autorisation du juge.

« Ces délais peuvent également être réduits en application de la loi ou du règlement.

« Section 2
« L'introduction de l'instance par requête

« Art. 756.-Dans les cas où la demande peut être formée par requête, la partie la plus diligente saisit le tribunal par la remise au greffe de la requête. Cette requête peut être remise ou adressée ou effectuée par voie électronique dans les conditions prévues par arrêté du garde des sceaux.
« Lorsque les parties ont soumis leur différend à un conciliateur de justice sans parvenir à un accord, leur requête peut également être transmise au greffe à leur demande par le conciliateur.

« Art. 757.-Outre les mentions prescrites par les articles 54 et 57, la requête doit contenir, à peine de nullité, un exposé sommaire des motifs de la demande. Les pièces que le requérant souhaite invoquer à l'appui de ses prétentions sont jointes à sa requête en autant de copies que de personnes dont la convocation est demandée.
« Le cas échéant, la requête mentionne l'accord du requérant pour que la procédure se déroule sans audience en application de l'article L. 212-5-1 du code de l'organisation judiciaire.
« Lorsque la requête est formée par voie électronique, les pièces sont jointes en un seul exemplaire.
« Lorsque chaque partie est représentée par un avocat, la requête contient, à peine de nullité, la constitution de l'avocat ou des avocats des parties. Elle est signée par les avocats constitués.
« Elle vaut conclusions.

« Art. 758.-Lorsque la juridiction est saisie par requête, le président du tribunal fixe les lieu, jour et heure de l'audience. Lorsque la requête est signée conjointement par les parties, cette date est fixée par le président du tribunal ; s'il y a lieu il désigne la chambre à laquelle elle est distribuée. Les parties en sont avisées par le greffier.
« Le requérant en est avisé par tous moyens.
« Le greffier convoque le défendeur à l'audience par lettre recommandée avec demande d'avis de réception. Outre les mentions prescrites par l'article 665-1, la convocation rappelle les dispositions de l'article 832.
« Cette convocation vaut citation.
« Lorsque la représentation est obligatoire, l'avis est donné aux avocats par simple bulletin.
« La copie de la requête est jointe à l'avis adressé à l'avocat du défendeur ou, lorsqu'il n'est pas représenté, au défendeur.

« Art. 759.-Lorsque la requête est formée conjointement par les parties, les requérants peuvent, dès le dépôt de la requête au greffe demander que l'affaire soit attribuée à un juge unique, ou renoncer à la faculté de demander le renvoi à la formation collégiale.

« Chapitre II
« Constitution d'avocat et conclusions
« Art. 760.-Les parties sont, sauf disposition contraire, tenues de constituer avocat devant le tribunal judiciaire.
« La constitution de l'avocat emporte élection de domicile.
« Art. 761.-Les parties sont dispensées de constituer avocat dans les cas prévus par la loi ou le règlement et dans les cas suivants :
« 1° Dans les matières relevant de la compétence du juge de l'exécution ;
« 2° Dans les matières énumérées par les articles R. 211-3-13 à R. 211-3-16, R. 211-3-18 à R. 211-3-21, R. 211-3-23 du code de l'organisation judiciaire et dans les matières énumérées au tableau IV-II annexé au code de l'organisation judiciaire ;
« 3° A l'exclusion des matières relevant de la compétence exclusive du tribunal judiciaire, lorsque la demande porte sur un montant inférieur ou égal à 10 000 euros ou a pour objet une demande indéterminée ayant pour origine l'exécution d'une obligation dont le montant n'excède pas 10 000 euros. Le montant de la demande est apprécié conformément aux dispositions des articles 35 à 37. Lorsqu'une demande incidente a pour effet de rendre applicable la procédure écrite ou de rendre obligatoire la représentation par avocat, le juge peut, d'office ou si une partie en fait état, renvoyer l'affaire à une prochaine audience tenue

conformément à la procédure applicable et invite les parties à constituer avocat.
« Dans les matières relevant de la compétence exclusive du tribunal judiciaire, les parties sont tenues de constituer avocat, quel que soit le montant de leur demande.
« L'Etat, les départements, les régions, les communes et les établissements publics peuvent se faire représenter ou assister par un fonctionnaire ou un agent de leur administration.

« Art. 762.-Lorsque la représentation par avocat n'est pas obligatoire, les parties se défendent elles-mêmes.
« Les parties peuvent se faire assister ou représenter par :
«-un avocat ;
«-leur conjoint, leur concubin ou la personne avec laquelle elles ont conclu un pacte civil de solidarité ;
«-leurs parents ou alliés en ligne directe ;
«-leurs parents ou alliés en ligne collatérale jusqu'au troisième degré inclus ;
«-les personnes exclusivement attachées à leur service personnel ou à leur entreprise.
« Le représentant, s'il n'est avocat, doit justifier d'un pouvoir spécial.

« Art. 763.-Lorsque la représentation par avocat est obligatoire, le défendeur est tenu de constituer avocat dans le délai de quinze jours, à compter de l'assignation.

« Art. 764.-Dès qu'il est constitué, l'avocat du défendeur en informe celui du demandeur ; copie de l'acte de constitution est remise au greffe.
« L'acte comporte, le cas échéant, l'accord du défendeur pour que la procédure se déroule sans audience en application de l'article L. 212-5-1 du code de l'organisation judiciaire.

« Art. 765.-La constitution de l'avocat par le défendeur ou par toute personne qui devient partie en cours d'instance est dénoncée aux autres parties par notification entre avocats.
« Cet acte indique :
« a) Si le défendeur est une personne physique, ses nom, prénoms, profession, domicile, nationalité, date et lieu de naissance ;
« b) Si le défendeur est une personne morale, sa forme, sa dénomination, son siège social et l'organe qui le représente légalement.

« Art. 766.-Les conclusions des parties sont signées par leur avocat et notifiées dans la forme des notifications entre avocats. En cas de pluralité de demandeurs ou de défendeurs, elles doivent être notifiées à tous les avocats constitués. Elles ne sont pas recevables tant que les indications mentionnées à l'alinéa 2 de l'article 765 n'auront pas été fournies.
« La communication des pièces produites est valablement attestée par la signature de l'avocat destinataire apposée sur le bordereau établi par l'avocat qui procède à la communication.

« Art. 767.-La remise au greffe de la copie de l'acte de constitution et des conclusions est faite soit dès leur notification avec la justification de leur notification, soit si celle-ci est antérieure à la saisine de la juridiction, avec la remise de la copie de l'assignation.

« Art. 768.-Les conclusions doivent formuler expressément les prétentions des parties ainsi que les moyens en fait et en droit sur lesquels chacune de ces prétentions est fondée avec indication pour chaque prétention des pièces invoquées et de leur numérotation. Un bordereau énumérant les pièces justifiant ces prétentions est annexé aux conclusions.
« Les conclusions comprennent distinctement un exposé des faits et de la procédure, une discussion des prétentions et des moyens ainsi qu'un dispositif récapitulant les prétentions. Les moyens qui n'auraient pas été formulés dans les conclusions précédentes doivent être présentés de manière formellement distincte. Le tribunal ne statue que sur les prétentions énoncées au dispositif et n'examine les moyens au soutien de ces prétentions que s'ils sont invoqués dans la discussion.

« Les parties doivent reprendre dans leurs dernières conclusions les prétentions et moyens présentés ou invoqués dans leurs conclusions antérieures. À défaut, elles sont réputées les avoir abandonnés et le tribunal ne statue que sur les dernières conclusions déposées.

« Chapitre III
« Le greffe
« Art. 769.-La remise au greffe de la copie d'un acte de procédure ou d'une pièce est constatée par la mention de la date de remise et le visa du greffier sur la copie ainsi que sur l'original, qui est immédiatement restitué.

« Art. 770.-La copie de la requête est, dès sa remise au greffe, présentée par le greffier au président du tribunal en vue des formalités de fixation et de distribution.
« La décision du président fait l'objet d'une simple mention en marge de la copie.

« Art. 771.-Le dossier de l'affaire est conservé et tenu à jour par le greffier de la chambre à laquelle l'affaire a été distribuée.

« Il est établi une fiche permettant de connaître à tout moment l'état de l'affaire.

« Art. 772.-Dans le cas prévu à l'article 840, les copies de la requête et des pièces remises au président sont, ainsi qu'une copie de son ordonnance, placées par le greffier dans le dossier, dès sa constitution.
« Si, le jour où l'affaire doit être appelée, la copie de l'assignation n'a pas été remise au greffe, le greffier restitue d'office à l'avocat les copies qu'il détient.

« Art. 773.-Le greffier avise aussitôt les avocats dont la constitution lui est connue du numéro d'inscription au répertoire général, des jour et heure fixés par le président du tribunal pour l'appel de l'affaire et de la chambre à laquelle celle-ci est distribuée.
« Cet avis est donné aux avocats dont la constitution n'est pas encore connue, dès la remise au greffe de la copie de l'acte de constitution.

« Art. 774.-En procédure écrite ordinaire, les avocats de chacune des parties sont convoqués ou avisés des charges qui leur incombent par le président ou par le juge de la mise en état, selon le mode d'instruction de l'affaire ; ils sont convoqués ou avisés verbalement, avec émargement et mention au dossier.
« En cas d'absence, ils le sont par simple bulletin, daté et signé par le greffier, et remis ou déposé par celui-ci au lieu où sont effectuées, au siège du tribunal, les notifications entre avocats.
« Les injonctions doivent toujours donner lieu à la délivrance d'un bulletin.

« Sous-titre II

« LA PROCÉDURE ÉCRITE

« Chapitre Ier
« La procédure ordinaire
« Art. 775.-La procédure est écrite sauf disposition contraire.

« Section 1
« L'orientation de l'affaire
« Art. 776.-Sous réserve des dispositions de l'article 1108, au jour de l'audience d'orientation, l'affaire est appelée devant le président de la chambre saisie ou à laquelle l'affaire a été distribuée.
« Celui-ci confère de l'état de la cause avec les avocats présents en leur demandant notamment s'ils envisagent de conclure une convention de procédure participative aux fins de mise en état dans les conditions du titre II du livre V.

« Art. 777.-Lorsque les parties et leurs avocats justifient avoir conclu une convention de procédure participative aux fins de mise en état de l'affaire, le président prend les mesures prévues au deuxième alinéa de l'article 1546-1. Sauf en cas de retrait du rôle, il désigne le juge de la mise en état.

« Art. 778.-Le président renvoie à l'audience de plaidoirie les affaires qui, d'après les explications des avocats et au vu des conclusions échangées et des pièces communiquées, lui paraissent prêtes à être jugées sur le fond.
« Il renvoie également à l'audience de plaidoirie les affaires dans lesquelles le défendeur ne comparaît pas si elles sont en état d'être jugées sur le fond, à moins qu'il n'ordonne la réassignation du défendeur.
« Dans tous ces cas, le président déclare l'instruction close.
« Il fixe la date de l'audience de plaidoirie qui peut être tenue le jour même.
« Lorsque les parties ont donné leur accord pour que la procédure se déroule sans audience conformément aux dispositions de l'article L. 212-5-1 du code de l'organisation judiciaire, le président déclare l'instruction close et fixe la date pour le dépôt des dossiers au greffe de la chambre. Le greffier en avise les parties et, le cas échéant, le ministère public et les informe du nom des juges de la chambre qui seront amenés à délibérer et de la date à laquelle le jugement sera rendu.

« Art. 779.-Le président peut décider que les avocats se présenteront à nouveau devant lui, à une date d'audience qu'il fixe, pour conférer une dernière fois de l'affaire s'il estime qu'un ultime échange de conclusions ou une ultime communication de pièces suffit à mettre l'affaire en état ou que les conclusions des parties doivent être mises en conformité avec les dispositions de l'article 768. Les parties peuvent également solliciter un délai pour conclure une convention de procédure participative aux fins de mise en état.
« La décision de renvoi fait l'objet d'une simple mention au dossier. Le président impartit, s'il y a lieu, à chacun des avocats le délai nécessaire à la notification des conclusions et à la communication des pièces.
« À la date d'audience fixée par lui, lorsque les parties et leurs avocats justifient avoir conclu une convention de procédure participative aux fins de mise en état, le président prend les mesures prévues au deuxième alinéa de l'article 1546-1. Sauf en cas de retrait du rôle, il désigne le juge de la mise en état. À défaut d'une telle justification et si l'affaire est en état d'être jugée, le président déclare l'instruction close et renvoie l'affaire à

l'audience de plaidoiries. Elle peut être tenue le jour même.
« Si l'affaire est en état d'être jugée, il peut être fait application des dispositions du dernier alinéa de l'article 778.
« Le président renvoie au juge de la mise en état, les affaires qui ne sont pas en état d'être jugées. Il fixe la date de l'audience de mise en état. Le greffe en avise les avocats constitués.

« Section 2
« L'instruction devant le juge de la mise en état
« Art. 780.-L'affaire est instruite sous le contrôle d'un magistrat de la chambre saisie ou à laquelle l'affaire a été distribuée.
« Celui-ci a mission de veiller au déroulement loyal de la procédure, spécialement à la ponctualité de l'échange des conclusions et de la communication des pièces.
« Il peut entendre les avocats et leur faire toutes communications utiles. Il peut également, si besoin est, leur adresser des injonctions.
« Il peut ordonner le retrait du rôle dans les cas et conditions des articles 382 et 383.

« Art. 781.-Le juge de la mise en état fixe, au fur et à mesure, les délais nécessaires à l'instruction de l'affaire, eu égard à la nature, à l'urgence et à la complexité de celle-ci, et après avoir provoqué l'avis des avocats.
« Il peut accorder des prorogations de délai.
« Il peut, après avoir recueilli l'avis des avocats, fixer un calendrier de la mise en état.
« Le calendrier comporte le nombre prévisible et la date des échanges de conclusions, la date de la clôture, celle des débats et, par dérogation aux premier et deuxième alinéas de l'article 450, celle du prononcé de la décision.
« Les délais fixés dans le calendrier de la mise en état ne peuvent être prorogés qu'en cas de cause grave et dûment justifiée.
« Le juge peut également renvoyer l'affaire à une audience de mise en état ultérieure en vue de faciliter le règlement du litige.

« Art. 782.-Le juge de la mise en état peut inviter les avocats à répondre aux moyens sur lesquels ils n'auraient pas conclu, à fournir les explications de fait et de droit nécessaires à la solution du litige et, le cas échéant, à mettre leurs écritures en conformité avec les dispositions de l'article 768.
« Il peut se faire communiquer l'original des pièces versées aux débats ou en demander la remise en copie.
« Art. 783.-Le juge de la mise en état procède aux jonctions et disjonctions d'instance.
« Art. 784.-Le juge de la mise en état peut, même d'office, entendre les parties.
« L'audition des parties a lieu contradictoirement à moins que l'une d'elles, dûment convoquée, ne se présente pas.
« Art. 785.-Le juge de la mise en état peut constater la conciliation, même partielle, des parties.
« Le juge de la mise en état peut également désigner un médiateur dans les conditions de l'article 131-1.
« Il homologue, à la demande des parties, l'accord qu'elles lui soumettent.

« Art. 786.-Le juge de la mise en état peut inviter les parties à mettre en cause tous les intéressés dont la présence lui paraît nécessaire à la solution du litige.

« Art. 787.-Le juge de la mise en état constate l'extinction de l'instance.

« Art. 788.-Le juge de la mise en état exerce tous les pouvoirs nécessaires à la communication, à l'obtention et à la production des pièces.

« Art. 789.-Lorsque la demande est présentée postérieurement à sa désignation, le juge de la mise en état est, jusqu'à son dessaisissement, seul compétent, à l'exclusion de toute autre formation du tribunal, pour :
« 1° Statuer sur les exceptions de procédure, les demandes formées en application de l'article 47 et les incidents mettant fin à l'instance ;
« Les parties ne sont plus recevables à soulever ces exceptions et incidents ultérieurement à moins qu'ils ne surviennent ou soient révélés postérieurement au dessaisissement du juge ;
« 2° Allouer une provision pour le procès ;
« 3° Accorder une provision au créancier lorsque l'existence de l'obligation n'est pas sérieusement contestable. Le juge de la mise en état peut subordonner l'exécution de sa décision à la constitution d'une garantie dans les conditions prévues aux articles 514-5,517 et 518 à 522 ;
« 4° Ordonner toutes autres mesures provisoires, même conservatoires, à l'exception des saisies conservatoires et des hypothèques et nantissements provisoires, ainsi que modifier ou compléter, en cas de survenance d'un fait nouveau, les mesures qui auraient déjà été ordonnées ;
« 5° Ordonner, même d'office, toute mesure d'instruction ;
« 6° Statuer sur les fins de non-recevoir.
« Lorsque la fin de non-recevoir nécessite que soit tranchée au préalable une question de fond, le juge de la mise en état statue sur cette question de fond et sur cette fin de non-recevoir. Toutefois, dans les affaires qui ne relèvent pas du juge unique ou qui ne lui sont pas attribuées, une partie peut s'y opposer. Dans ce cas, et par

exception aux dispositions du premier alinéa, le juge de la mise en état renvoie l'affaire devant la formation de jugement, le cas échéant sans clore l'instruction, pour qu'elle statue sur cette question de fond et sur cette fin de non-recevoir. Il peut également ordonner ce renvoi s'il l'estime nécessaire. La décision de renvoi est une mesure d'administration judiciaire.

« Le juge de la mise en état ou la formation de jugement statuent sur la question de fond et sur la fin de non-recevoir par des dispositions distinctes dans le dispositif de l'ordonnance ou du jugement. La formation de jugement statue sur la fin de non-recevoir même si elle n'estime pas nécessaire de statuer au préalable sur la question de fond. Le cas échéant, elle renvoie l'affaire devant le juge de la mise en état.

« Les parties ne sont plus recevables à soulever ces fins de non-recevoir au cours de la même instance à moins qu'elles ne surviennent ou soient révélées postérieurement au dessaisissement du juge de la mise en état.

« Art. 790.-Le juge de la mise en état peut statuer sur les dépens et les demandes formées en application de l'article 700.

« Art. 791.-Le juge de la mise en état est saisi par des conclusions qui lui sont spécialement adressées distinctes des conclusions au sens de l'article 768.

« Art. 792.-Les mesures prises par le juge de la mise en état sont l'objet d'une simple mention au dossier ; avis en est donné aux avocats.

« Toutefois, dans les cas prévus aux articles 787 à 790, le juge de la mise en état statue par ordonnance motivée sous réserve des règles particulières aux mesures d'instruction.

« Art. 793.-L'ordonnance est rendue, immédiatement s'il y a lieu, les avocats entendus ou appelés.

« Les avocats sont convoqués à l'audience par le juge de la mise en état.

« En cas d'urgence, une partie peut, par notification entre avocats, inviter l'autre à se présenter devant le juge aux jour, heure et lieu fixés par celui-ci.

« Art. 794.-Les ordonnances du juge de la mise en état n'ont pas, au principal, l'autorité de la chose jugée à l'exception de celles statuant sur les exceptions de procédure, sur les fins de non-recevoir, sur les incidents mettant fin à l'instance et sur la question de fond tranchée en application des dispositions du 6° de l'article 789.

« Art. 795.-Les ordonnances du juge de la mise en état ne sont pas susceptibles d'opposition.

« Elles ne peuvent être frappées d'appel ou de pourvoi en cassation qu'avec le jugement statuant sur le fond.

« Toutefois, elles sont susceptibles d'appel dans les cas et conditions prévus en matière d'expertise ou de sursis à statuer.

« Elles le sont également, dans les quinze jours à compter de leur signification, lorsque :

« 1° Elles statuent sur un incident mettant fin à l'instance, elles ont pour effet de mettre fin à celle-ci ou elles en constatent l'extinction ;

« 2° Elles statuent sur une exception de procédure ou une fin de non-recevoir ;

« 3° Elles ont trait aux mesures provisoires ordonnées en matière de divorce ou de séparation de corps ;

« 4° Dans le cas où le montant de la demande est supérieur au taux de compétence en dernier ressort, elles ont trait aux provisions qui peuvent être accordées au créancier au cas où l'existence de l'obligation n'est pas sérieusement contestable.

« Art. 796.-Le juge de la mise en état contrôle l'exécution des mesures d'instruction qu'il ordonne, sous réserve des dispositions du troisième alinéa de l'article 155.

« Art. 797.-Dès l'exécution de la mesure d'instruction ordonnée, l'instance poursuit son cours à la diligence du juge de la mise en état.

« Section 3

« La clôture de l'instruction et renvoi à l'audience de plaidoirie

« Art. 798.-La clôture de l'instruction, dans les cas prévus aux articles 778,779,799 et 800, est prononcée par une ordonnance non motivée qui ne peut être frappée d'aucun recours. Copie de cette ordonnance est délivrée aux avocats.

« Art. 799.-Sauf dans le cas où il est fait application des dispositions du deuxième alinéa de l'article 781, le juge de la mise en état déclare l'instruction close dès que l'état de celle-ci le permet et renvoie l'affaire devant le tribunal pour être plaidée à la date fixée par le président ou par lui-même s'il a reçu délégation à cet effet. La date de la clôture doit être aussi proche que possible de celle fixée pour les plaidoiries.

« S'il l'estime nécessaire pour l'établissement de son rapport à l'audience de plaidoirie, le juge de la mise en état peut demander aux avocats de déposer au greffe leur dossier, comprenant notamment les pièces produites, à la date qu'il détermine.

« Lorsque les parties ont donné leur accord pour que la procédure se déroule sans audience conformément aux dispositions de l'article L.

212-5-1 du code de l'organisation judiciaire, le juge de la mise en état déclare l'instruction close dès que l'état de celle-ci le permet et fixe la date pour le dépôt des dossiers au greffe de la chambre. Le greffier en avise les parties et, le cas échéant, le ministère public.
« Le juge de la mise en état demeure saisi jusqu'à l'ouverture des débats ou jusqu'à la date fixée pour le dépôt des dossiers des avocats.

« Art. 800.-Si l'un des avocats n'a pas accompli les actes de la procédure dans le délai imparti, le juge peut ordonner la clôture à son égard, d'office ou à la demande d'une autre partie, sauf, en ce dernier cas, la possibilité pour le juge de refuser par ordonnance motivée non susceptible de recours. Copie de l'ordonnance est adressée à la partie défaillante, à son domicile réel ou à sa résidence.
« Le juge rétracte l'ordonnance de clôture partielle, d'office ou lorsqu'il est saisi de conclusions à cette fin, pour permettre de répliquer à des demandes ou des moyens nouveaux présentés par une partie postérieurement à cette ordonnance. Il en est de même en cas de cause grave et dûment justifiée.
« Si aucune autre partie ne doit conclure, le juge ordonne la clôture de l'instruction et le renvoi devant le tribunal.

« Art. 801.-Si les avocats s'abstiennent d'accomplir les actes de la procédure dans les délais impartis, le juge de la mise en état peut, d'office, après avis donné aux avocats, prendre une ordonnance de radiation motivée non susceptible de recours.
« Copie de cette ordonnance est adressée à chacune des parties par lettre simple adressée à leur domicile réel ou à leur résidence.

« Art. 802.-Après l'ordonnance de clôture, aucune conclusion ne peut être déposée ni aucune pièce produite aux débats, à peine d'irrecevabilité prononcée d'office.
« Sont cependant recevables les demandes en intervention volontaire, les conclusions relatives aux loyers, arrérages, intérêts et autres accessoires échus et aux débours faits jusqu'à l'ouverture des débats, si leur décompte ne peut faire l'objet d'aucune contestation sérieuse, ainsi que les demandes de révocation de l'ordonnance de clôture.
« Sont également recevables les conclusions qui tendent à la reprise de l'instance en l'état où celle-ci se trouvait au moment de son interruption.

« Art. 803.-L'ordonnance de clôture ne peut être révoquée que s'il se révèle une cause grave depuis qu'elle a été rendue ; la constitution d'avocat postérieurement à la clôture ne constitue pas, en soi, une cause de révocation.
« Si une demande en intervention volontaire est formée après la clôture de l'instruction, l'ordonnance de clôture n'est révoquée que si le tribunal ne peut immédiatement statuer sur le tout.
« L'ordonnance de clôture peut être révoquée, d'office ou à la demande des parties, soit par ordonnance motivée du juge de la mise en état, soit, après l'ouverture des débats, par décision du tribunal.

« Art. 804.-Le juge de la mise en état fait un rapport oral de l'affaire à l'audience avant les plaidoiries. Exceptionnellement, le rapport peut être fait par le président de la chambre ou un autre juge qu'il désigne.
« Le rapport expose l'objet de la demande et les moyens des parties, il précise les questions de fait et de droit soulevées par le litige et fait mention des éléments propres à éclairer le débat, sans faire connaître l'avis du magistrat qui en est l'auteur.

« Art. 805.-Le juge de la mise en état ou le magistrat chargé du rapport peut, si les avocats ne s'y opposent pas, tenir seul l'audience pour entendre les plaidoiries. Il en rend compte au tribunal dans son délibéré.

« Art. 806.-Lorsqu'il a été fait application des dispositions du troisième alinéa de l'article 799, le président de la chambre, à l'expiration du délai prévu pour la remise des dossiers, informe les parties du nom des juges de la chambre qui seront amenés à délibérer et de la date à laquelle le jugement sera rendu.
« Il est procédé comme il est dit à l'article 444 lorsque le tribunal estime qu'il n'est pas possible de rendre une décision au regard des preuves écrites ou si l'une des parties en fait la demande.

« Art. 807.-Les mesures d'instruction ordonnées par le tribunal sont exécutées sous le contrôle du juge de la mise en état, sous réserve des dispositions du troisième alinéa de l'article 155.
« Dès l'accomplissement d'une mesure d'instruction, le président de la chambre à laquelle l'affaire a été distribuée la renvoie à l'audience du tribunal ou au juge de la mise en état comme il est dit à la section 2 ci-dessus.

« Chapitre II
« La procédure en matière gracieuse
(...)
« Chapitre III
« Le juge unique
(...)

« Sous-titre III
« LA PROCÉDURE ORALE

« Chapitre Ier
« La procédure ordinaire
« Art. 817.-Lorsque les parties sont dispensées de constituer avocat conformément aux dispositions de l'article 761, la procédure est orale, sous réserve des dispositions particulières propres aux matières concernées.

« Art. 818.-La demande en justice est formée soit par une assignation soit par une requête remise ou adressée conjointement par les parties.
« La demande peut également être formée par une requête lorsque le montant de la demande n'excède pas 5 000 euros ou lorsqu'elle est formée aux fins de tentative préalable de conciliation.

« Section 1
« La tentative préalable de conciliation
« Art. 820.-La demande aux fins de tentative préalable de conciliation est formée par requête faite, remise ou adressée au greffe.
« La prescription et les délais pour agir sont interrompus par l'enregistrement de la demande.

« Sous-section 1
« La conciliation déléguée à un conciliateur de justice

« Art. 821.-Le juge peut déléguer à un conciliateur de justice la tentative préalable de conciliation.
« Le greffier avise par tous moyens le défendeur de la décision du juge. L'avis précise les nom, prénoms, profession et adresse du demandeur et l'objet de la demande.

« Art. 822.-Le demandeur et le conciliateur de justice sont avisés par tous moyens de la décision du juge. Une copie de la demande est adressée au conciliateur.
« Le conciliateur de justice procède à la tentative de conciliation comme il est dit aux articles 129-3 à 129-5,130 et 131. À sa demande, sa mission peut être renouvelée, sans qu'il soit nécessaire de recueillir l'accord des parties.
« En cas d'échec de la tentative de conciliation, le conciliateur de justice en informe le juge en précisant la date de la réunion à l'issue de laquelle il a constaté cet échec.

« Art. 823.-Les avis adressés aux parties par le greffier précisent que chaque partie peut se présenter devant le conciliateur avec une personne ayant qualité pour l'assister devant le juge.

« Les parties sont en outre avisées qu'en application des articles 824 et 826, dont les dispositions sont reproduites, la juridiction peut être saisie aux fins d'homologation de leur accord ou aux fins de jugement en cas d'échec de la conciliation.

« Art. 824.-La demande d'homologation du constat d'accord formée par les parties est transmise au juge par le conciliateur. Une copie du constat y est jointe.

« Sous-section 2
« La conciliation menée par le juge

« Art. 825.-Lorsque le juge procède lui-même à la tentative préalable de conciliation, le greffe avise le demandeur par tout moyen des lieu, jour et heure auxquels l'audience de conciliation se déroulera.
« Le défendeur est convoqué par lettre simple. La convocation mentionne les nom, prénoms, profession et adresse du demandeur ainsi que l'objet de la demande.
« L'avis et la convocation précisent que chaque partie peut se faire assister par une des personnes énumérées à l'article 762.

« Sous-section 3
« La demande aux fins de jugement en cas d'échec de la conciliation
« Art. 826.-En cas d'échec total ou partiel de la tentative préalable de conciliation, le demandeur peut saisir la juridiction aux fins de jugement de tout ou partie de ses prétentions initiales.
« La saisine de la juridiction est faite selon les modalités prévues par l'article 818.

« Section 2
« La procédure aux fins de jugement

« Sous-section 1
« La conciliation
« Art. 827.-Le juge s'efforce de concilier les parties.
« Le juge peut également, à tout moment de la procédure, inviter les parties à rencontrer un conciliateur de justice aux lieu, jour et heure qu'il détermine. Les parties en sont avisées, selon le cas, dans l'acte de convocation à l'audience ou par tous moyens. L'avis indique la date de l'audience à laquelle l'affaire sera examinée afin que le juge constate la conciliation ou tranche le litige. L'invitation peut également être faite par le juge à l'audience.

« Sous-section 2
« Les débats
« Art. 828.-A tout moment de la procédure, les parties peuvent donner expressément leur accord

pour que la procédure se déroule sans audience conformément aux dispositions de l'article L. 212-5-1 du code de l'organisation judiciaire.
« Dans ce cas, les parties formulent leurs prétentions et leurs moyens par écrit. Le jugement est contradictoire.
« Le tribunal peut décider de tenir une audience s'il estime qu'il n'est pas possible de rendre une décision au regard des preuves écrites ou si l'une des parties en fait la demande.

« Art. 829.-Lorsqu'elle est formulée en cours d'instance, la déclaration par laquelle chacune des parties consent au déroulement de la procédure sans audience est remise ou adressée au greffe et comporte à peine de nullité :
« 1° Pour les personnes physiques : l'indication des nom, prénoms, profession, domicile, nationalité, date et lieu de naissance ;
« 2° Pour les personnes morales : l'indication de leur forme, leur dénomination, leur siège social et de l'organe qui les représente légalement ;
« Elle est écrite, datée et signée de la main de son auteur. Celui-ci doit lui annexer, en original ou en photocopie, tout document officiel justifiant de son identité et comportant sa signature.

« Art. 830.-A défaut de conciliation constatée à l'audience, l'affaire est immédiatement jugée ou, si elle n'est pas en état de l'être, renvoyée à une audience ultérieure. Dans ce cas, le greffier avise par tous moyens les parties qui ne l'auraient pas été verbalement de la date de l'audience.

« Art. 831.-Le juge peut, conformément au second alinéa de l'article 446-1, dispenser une partie qui en fait la demande de se présenter à une audience ultérieure. Dans ce cas et dans celui mentionné aux deux premiers alinéas de l'article 828, le juge organise les échanges entre les parties. La communication entre elles est faite par lettre recommandée avec demande d'avis de réception ou par notification entre avocats et il en est justifié auprès du tribunal dans les délais que le juge impartit. À l'issue, ce dernier informe les parties de la date à laquelle le jugement sera rendu.

« Art. 832.-Sans préjudice des dispositions de l'article 68, la demande incidente tendant à l'octroi d'un délai de paiement en application de l'article 1343-5 du code civil peut être formée par courrier remis ou adressé au greffe. Les pièces que la partie souhaite invoquer à l'appui de sa demande sont jointes à son courrier. La demande est communiquée aux autres parties, à l'audience, par le juge, sauf la faculté pour ce dernier de la leur faire notifier par le greffier, accompagnée des pièces jointes, par lettre recommandée avec demande d'avis de réception.
« L'auteur de cette demande incidente peut ne pas se présenter à l'audience, conformément au second alinéa de l'article 446-1. Dans ce cas, le juge ne fait droit aux demandes présentées contre cette partie que s'il les estime régulières, recevables et bien fondées.

« Art. 833.-La reprise de l'instance, après une suspension, a lieu sur l'avis qui en est donné aux parties par le greffier, par tout moyen.

« Chapitre II
« Les ordonnances de référé
« Art. 834.-Dans tous les cas d'urgence, le président du tribunal judiciaire ou le juge du contentieux de la protection dans les limites de sa compétence, peuvent ordonner en référé toutes les mesures qui ne se heurtent à aucune contestation sérieuse ou que justifie l'existence d'un différend.

« Art. 835.-Le président du tribunal judiciaire ou le juge du contentieux de la protection dans les limites de sa compétence peuvent toujours, même en présence d'une contestation sérieuse, prescrire en référé les mesures conservatoires ou de remise en état qui s'imposent, soit pour prévenir un dommage imminent, soit pour faire cesser un trouble manifestement illicite.
« Dans les cas où l'existence de l'obligation n'est pas sérieusement contestable, ils peuvent accorder une provision au créancier, ou ordonner l'exécution de l'obligation même s'il s'agit d'une obligation de faire.

« Art. 836.-Les pouvoirs du président du tribunal judiciaire prévus aux deux articles précédents s'étendent à toutes les matières où il n'existe pas de procédure particulière de référé.

« Art. 837.-A la demande de l'une des parties et si l'urgence le justifie, le président du tribunal judiciaire ou le juge des contentieux de la protection saisi en référé peut renvoyer l'affaire à une audience dont il fixe la date pour qu'il soit statué au fond. Il veille à ce que le défendeur dispose d'un temps suffisant pour préparer sa défense. L'ordonnance emporte saisine de la juridiction.
« Lorsque la représentation par avocat est obligatoire devant la juridiction à laquelle l'affaire est renvoyée, il est ensuite procédé comme il est dit à l'article 842 et aux trois derniers alinéas de l'article 844. Lorsque le président de la juridiction a ordonné la réassignation du défendeur non comparant, ce dernier est convoqué par acte d'huissier de justice à l'initiative du demandeur.

« Art. 838.-Le président du tribunal judiciaire dispose des mêmes pouvoirs dans les contestations nées à l'occasion du contrat de travail lorsqu'elles relèvent de sa compétence.

« Chapitre III
« La procédure accélérée au fond
« Art. 839.-Lorsqu'il est prévu par la loi qu'il est statué selon la procédure accélérée au fond, le président du tribunal judiciaire connaît de l'affaire dans les conditions de l'article 481-1.

« Sous-titre IV
« LES AUTRES PROCÉDURES

« Chapitre Ier
« La procédure à jour fixe
(...)

« Chapitre II
« Les ordonnances sur requête
(...)

« Chapitre III
« La procédure sur décision de renvoi de la juridiction pénale
« Art. 847.-Lorsque, dans les conditions et selon les modalités prévues par le code de procédure pénale, une affaire a été renvoyée devant le tribunal judiciaire afin qu'il soit statué, en application des règles du droit civil, sur la réparation de tous les dommages résultant des faits qui ont fondé la poursuite, le greffe convoque à l'audience, un mois au moins à l'avance et par lettre recommandée avec demande d'avis de réception, les parties à l'instance civile qui avait été engagée devant la juridiction pénale ainsi que les tiers responsables mentionnés dans la décision de renvoi. La convocation à laquelle est annexée une copie de la décision de renvoi vaut citation en justice.
« Le greffe convoque les parties à l'audience dans un délai maximal de deux mois.
« La convocation précise si la représentation à l'audience par avocat est obligatoire. Elle indique en tout état de cause que même s'ils ne comparaissent pas, des décisions exécutoires à titre provisoire seront prises contre les parties autres que la victime du dommage et contre les tiers responsables mentionnés dans la décision de renvoi sauf décision contraire du juge.
« Les organismes de sécurité sociale, le fonds de garantie des assurances obligatoires de dommages ou le fonds de garantie des victimes des actes de terrorisme et d'autres infractions, s'ils sont intervenus devant la juridiction pénale, sont convoqués à la même audience au moyen d'une lettre recommandée avec demande d'avis de réception adressée par le greffe. Une copie de la décision de renvoi est annexée à la convocation.
« À l'audience, lorsque la représentation par avocat est obligatoire, il est procédé comme il est dit aux articles 776 à 779. À défaut il est procédé comme il est dit aux articles 827 à 833.
« Une provision peut être accordée en référé dans les conditions prévues par l'article 835.

« Chapitre IV
« L'action de groupe
(...)

« Sous-titre V
« DISPOSITIONS DIVERSES

« Chapitre Ier
« La communication électronique
« Art. 850.-I.-A peine d'irrecevabilité relevée d'office, en matière de procédure écrite ordinaire et de procédure à jour fixe, les actes de procédure à l'exception de la requête mentionnée à l'article 840 sont remis à la juridiction par voie électronique.
« II.-Lorsqu'un acte ne peut être transmis par voie électronique pour une cause étrangère à celui qui l'accomplit, il est établi sur support papier et remis au greffe selon les modalités de l'article 769 ou lui est adressé par lettre recommandée avec demande d'avis de réception. Si l'acte est une requête ou une déclaration d'appel, il est remis ou adressé au greffe en autant d'exemplaires qu'il y a de destinataires, plus deux.
« Lorsque l'acte est adressé par voie postale, le greffe l'enregistre à la date figurant sur le cachet du bureau d'émission et adresse à l'expéditeur un récépissé par tout moyen.
« III.-Les avis, avertissements ou convocations sont remis aux avocats des parties par voie électronique, sauf impossibilité pour cause étrangère à l'expéditeur.
« Un arrêté du garde des sceaux, ministre de la justice, définit les modalités des échanges par voie électronique.

« Chapitre II
« Mesures d'administration judiciaire
(...)

Article 5
Le titre III du livre II du code de procédure civile est ainsi modifié :
1° L'article 853est remplacé par les dispositions suivantes :
« Art. 853.-Les parties sont, sauf disposition contraire, tenues de constituer avocat devant le tribunal de commerce.
« La constitution de l'avocat emporte élection de domicile.

« Les parties sont dispensées de l'obligation de constituer avocat dans les cas prévus par la loi ou le règlement, lorsque la demande porte sur un montant inférieur ou égal à 10 000 euros, dans le cadre des procédures instituées par le livre VI du code de commerce ou pour les litiges relatifs à la tenue du registre du commerce et des sociétés.

« Dans ces cas, elles ont la faculté de se faire assister ou représenter par toute personne de leur choix.

« Le représentant, s'il n'est avocat, doit justifier d'un pouvoir spécial. » ;

2° L'article 854 est remplacé par les dispositions suivantes :

« Art. 854.-La demande en justice est formée par assignation ou par la remise au greffe d'une requête conjointe. » ;

3° L'article 855 est remplacé par les dispositions suivantes :

« Art. 855.-L'assignation contient, à peine de nullité, outre les mentions prescrites par les articles 54 et 56, les nom, prénoms et adresse de la personne chez qui le demandeur élit domicile en France s'il réside à l'étranger.

« L'acte introductif d'instance mentionne en outre les conditions dans lesquelles le défendeur peut ou doit se faire assister ou représenter, s'il y a lieu, le nom du représentant du demandeur ainsi que, lorsqu'il contient une demande en paiement, les dispositions de l'article 861-2. » ;

4° La sous-section 2 de la section 1 du chapitre Ier est remplacée par les dispositions suivantes :

« Sous-section 2

« La requête conjointe

« Art. 859.-Les parties peuvent exposer leurs prétentions par requête conjointe.

« Art. 860.-Le tribunal est saisi par la remise de la requête conjointe. » ;

5° L'article 874 est remplacé par les dispositions suivantes :

« Art. 874.-Le président du tribunal de commerce est saisi par requête dans les cas spécifiés par la loi.

« Les parties sont dispensées de l'obligation de constituer avocat en matière de gage des stocks et de gage sans dépossession.

« En cette matière, les parties peuvent présenter elles-mêmes leur requête.

« Elles ont la faculté de se faire assister ou représenter par toute personne de leur choix.

« Le représentant, s'il n'est avocat, doit justifier d'un pouvoir spécial. »

Article 6

Le chapitre I du titre V du livre II est ainsi modifié :

1° L'article 882 est remplacé par les dispositions suivantes :

« Art. 882.-La procédure applicable devant le tribunal paritaire est la procédure orale ordinaire applicable devant le tribunal judiciaire sous réserve des dispositions ci-dessous. » ;

2° L'article 885 est remplacé par les dispositions suivantes :

« Art. 885.-La demande est formée et le tribunal saisi par requête remise ou adressée au greffe du tribunal ou par acte d'huissier de justice adressé à ce greffe conformément aux dispositions des articles 54 à 57.

« Dans tous les cas, la demande doit indiquer, même de façon sommaire, les motifs sur lesquels elle repose.

« Les demandes soumises à publication au fichier immobilier sont faites par acte d'huissier de justice. »

Section 5 : L'extension de la représentation obligatoire

Article 7

Le code de commerce est modifié ainsi qu'il suit :

1° A l'article R. 145-26, les mots : « des parties ou de leurs représentants » sont remplacés par les mots : « par les avocats des parties » ;

2° A l'article R. 145-27, la première phrase du troisième alinéa est supprimée ;

3° A l'article R. 145-29, les mots : « peuvent se faire assister ou représenter par un » sont remplacés par les mots : « sont tenues de constituer » ;

4° A l'article R. 145-31, les mots : « ou, si elles sont représentées, leurs avocats, » sont supprimés.

Article 8

Le code de procédure civile est ainsi modifié :

1° L'article 1139 est complété par un alinéa ainsi rédigé :

« En matière de demande de révision de prestation compensatoire, les parties sont tenues de constituer avocat. » ;

2° L'article 1140 est complété par un alinéa ainsi rédigé :

« En matière de demande de révision de prestation compensatoire, l'instance est formée, instruite et jugée selon la procédure écrite ordinaire applicable devant le tribunal judiciaire. » ;

3° A l'article 1203, les mots : « les parties sont dispensées du ministère d'avocat » sont remplacés par les mots : « Sauf pour les demandes de délégation de l'autorité parentale, les parties sont tenues de constituer avocat. »

Article 9

Le livre des procédures fiscales est ainsi modifié :

1° A l'article R. * 202-2 :
a) Après le premier alinéa, il est inséré deux alinéas ainsi rédigés :
« Les parties sont tenues de constituer avocat.
« L'État, les régions, les départements, les communes et les établissements publics peuvent se faire représenter ou assister par un fonctionnaire ou un agent de leur administration. » ;
b) Au deuxième alinéa, devenu le quatrième alinéa, les mots : « par lui-même ou » sont supprimés ;
c) Le troisième alinéa, devenu le cinquième alinéa, est supprimé ;
d) La deuxième phrase du quatrième alinéa, devenu le cinquième alinéa, est supprimée ;
2° A l'article R. * 202-4, les mots : « ou en appel » sont remplacés par le mot : « et ».

Article 10
Le code des procédures civiles d'exécution est ainsi modifié :
1° L'article R. 121-6 est remplacé par les dispositions suivantes :
« Art. R. 121-6.-Le montant prévu au troisième alinéa de l'article L. 121-4 est fixé à 10 000 euros. » ;
2° Au début du premier alinéa de l'article R. 121-7, sont insérés les mots : « Sauf disposition contraire, » ;
3° Le deuxième alinéa de l'article R. 121-11 est remplacé par les dispositions suivantes :
« L'assignation contient, à peine de nullité, la reproduction des dispositions des articles R. 121-8 à R. 121-10. Elle mentionne, sous la même sanction, les conditions dans lesquelles le défendeur peut ou doit se faire assister ou représenter, ainsi que, s'il y a lieu, le nom du représentant du demandeur. » ;
4° Au deuxième alinéa de l'article R. 121-23, les mots : « tout mandataire » sont remplacés par les mots : « son mandataire désigné conformément aux dispositions des articles L. 121-4 et L. 122-2. »

Article 11
Le code de l'expropriation pour cause d'utilité publique est ainsi modifié :
1° Après le premier alinéa de l'article R. 311-9, il est inséré un alinéa ainsi rédigé:
« Les parties sont tenues de constituer avocat. L'Etat, les régions, les départements, les communes et leurs établissements publics peuvent se faire assister ou représenter par un fonctionnaire ou un agent de leur administration»;
2° A l'article R. 311-12, après les mots : « signés par les parties », sont insérés les mots : « lorsqu'elles sont dispensées de constituer avocat »
3° Les deuxième et troisième phrases de l'article R. 311-20 sont supprimées ;
4° L'article R. 411-3 est abrogé.

Section 6 : Le développement de la procédure participative

Article 12
Le code de procédure civile est ainsi modifié :
1° L'article 369 est complété d'un dernier alinéa ainsi rédigé :
«-la conclusion d'une convention de procédure participative aux fins de mise en état y compris en cas de retrait du rôle. » ;
2° L'article 392 est complété d'un dernier alinéa ainsi rédigé :
« Un nouveau délai court à compter de l'extinction de la convention de procédure participative aux fins de mise en état. »

Article 13
Le titre II du livre V du code de procédure civile est ainsi modifié :
(...)
3° L'article 1546-1 est remplacé par les dispositions suivantes :
« Art. 1546-1.-Les parties peuvent conclure une convention de procédure participative aux fins de mise en état à tout moment de l'instance.
« Lorsque les parties et leurs avocats justifient avoir conclu une convention de procédure participative aux fins de mise en état, le juge peut, à leur demande, fixer la date de l'audience de clôture de l'instruction et la date de l'audience de plaidoiries. Il renvoie l'examen de l'affaire à la première audience précitée. À défaut de demande en ce sens, le juge ordonne le retrait du rôle.
« La signature d'une convention de procédure participative aux fins de mise en état vaut renonciation de chaque partie à se prévaloir d'une fin de non-recevoir, de toute exception de procédure et des dispositions de l'article 47 du présent code, à l'exception de celles qui surviennent ou sont révélées postérieurement à la signature de la convention de procédure participative. » ;

(...)

Article 55
I. – Le présent décret entre en vigueur le 1er janvier 2020. Il est applicable aux instances en cours à cette date.
II. – Par dérogation au I, les dispositions des articles 3 s'appliquent aux instances introduites devant les juridictions du premier degré à compter du 1er janvier 2020. Les dispositions des articles 5 à 11, ainsi que les dispositions des articles 750 à 759 du code de procédure civile, du

6° de son article 789 et de ses articles 818 et 839, dans leur rédaction résultant du présent décret, sont applicables aux instances introduites à compter du 1er janvier 2020.
III. – Par dérogation au II, jusqu'au 1er septembre 2020, dans les procédures soumises, au 31 décembre 2019, à la procédure écrite ordinaire, la saisine par assignation de la juridiction et la distribution de l'affaire demeurent soumises aux dispositions des articles 56, 752, 757 et 758 du code de procédure civile dans leur rédaction antérieure au présent décret.

Jusqu'au 1er septembre 2020, les assignations demeurent soumises aux dispositions de l'article 56 du code de procédure civile, dans sa rédaction antérieure au présent décret, dans les procédures au fond suivantes :
1° Celles prévues aux articles R. 202-1 et suivants du livre des procédures fiscales ;
2° Celles prévues au livre VI du code de commerce devant le tribunal judiciaire ;
3° Celles diligentées devant le tribunal paritaire des baux ruraux

(...)

ANNEXE 2

Décret n° 2019-1419 du 20 décembre 2019 relatif à la procédure accélérée au fond devant les juridictions judiciaires, JORF n°0297 du 22 décembre 2019

(...)

Section 1 : Dispositions relatives au régime général de la procédure accélérée au fond

Article 1

Le code de procédure civile est ainsi modifié :

1° La section 1 du chapitre II du titre XIV du livre Ier est ainsi modifiée :

a) Avant l'article 480, il est inséré une sous-section 1 ainsi intitulée :

« Sous-section 1
« Dispositions communes »

b) Après l'article 481, il est inséré une sous-section 2 ainsi rédigée :

« Sous-section 2
« Les jugements en procédure accélérée au fond

« Art. 481-1.-A moins qu'il en soit disposé autrement, lorsqu'il est prévu par la loi ou le règlement qu'il est statué selon la procédure accélérée au fond, la demande est formée, instruite et jugée dans les conditions suivantes :
« 1° La demande est portée par voie d'assignation à une audience tenue aux jour et heure prévus à cet effet ;
« 2° Le juge est saisi par la remise d'une copie de l'assignation au greffe avant la date fixée pour l'audience, sous peine de caducité de l'assignation constatée d'office par ordonnance du juge, ou, à défaut, à la requête d'une partie ;
« 3° Le jour de l'audience, le juge s'assure qu'il s'est écoulé un temps suffisant depuis l'assignation pour que la partie assignée ait pu préparer sa défense. La procédure est orale ;
« 4° Le juge a la faculté de renvoyer l'affaire devant la formation collégiale, à une audience dont il fixe la date, qui statuera selon la procédure accélérée au fond ;
« 5° A titre exceptionnel, en cas d'urgence manifeste à raison notamment d'un délai imposé par la loi ou le règlement, le président du tribunal, statuant sur requête, peut autoriser à assigner à une heure qu'il indique, même les jours fériés ou chômés ;
« 6° Le jugement est exécutoire de droit à titre provisoire dans les conditions prévues aux articles 514-1 à 514-6 ;
« 7° La décision du juge peut être frappée d'appel à moins qu'elle n'émane du premier président de la cour d'appel ou qu'elle n'ait été rendue en dernier ressort en raison du montant ou de l'objet de la demande.
« Le délai d'appel ou d'opposition est de quinze jours. » ;

2° L'article 492-1 est abrogé.

Article 22

I.- Le décret n° 2019-1333 du 11 décembre 2019 susvisé est ainsi modifié :
1° Au I de l'article 4, les mots : « juge de l'exécution » sont remplacés par les mots : « juge des contentieux de la protection » ;
2° Au 2° de l'article 24, les mots : « alinéas 2 et 3 » sont remplacés par les mots : « alinéas 2 et 4 » ;

3° Au a du 5° de l'article 36, après les mots : « à titre provisoire. » est ajoutée la phrase suivante : « Le conseil de prud'hommes peut ordonner l'exécution provisoire de ses décisions. » ;
4° A l'article 39, la référence : « 514-5 » est remplacée par la référence : « 514-3 » ;
5° A l'article 55, après les mots : « articles 5 à 11, » sont insérés les mots : « le 1° de l'article 14, les 2°, 12°, 14° et 17° à 19° de l'article 16, le 2° de l'article 20, le 2° de l'article 21, les 1° et 2° de l'article 24, le 18° de l'article 29, les 2° et 7° de l'article 32, le 5° de l'article 36, l'article 39, le 2° de l'article 40 et le 4° de l'article 50, » et les mots : « du 6° de son article 789 », sont remplacés par les mots : « des 3° et 6° de son article 789 ».

II.- L'article 15 du décret n° 2019-1380 du 18 décembre 2019 susvisé est complété par un alinéa ainsi rédigé : « Les requêtes en divorce ou en séparation de corps introduites avant le 1er septembre 2020 sont traitées selon les règles en vigueur avant cette date. »

Structures éditoriales du groupe L'Harmattan

L'Harmattan Italie
Via degli Artisti, 15
10124 Torino
harmattan.italia@gmail.com

L'Harmattan Hongrie
Kossuth l. u. 14-16.
1053 Budapest
harmattan@harmattan.hu

L'Harmattan Sénégal
10 VDN en face Mermoz
BP 45034 Dakar-Fann
senharmattan@gmail.com

L'Harmattan Cameroun
TSINGA/FECAFOOT
BP 11486 Yaoundé
inkoukam@gmail.com

L'Harmattan Burkina Faso
Achille Somé – tengnule@hotmail.fr

L'Harmattan Guinée
Almamya, rue KA 028 OKB Agency
BP 3470 Conakry
harmattanguinee@yahoo.fr

L'Harmattan RDC
185, avenue Nyangwe
Commune de Lingwala – Kinshasa
matangilamusadila@yahoo.fr

L'Harmattan Congo
67, boulevard Denis-Sassou-N'Guesso
BP 2874 Brazzaville
harmattan.congo@yahoo.fr

L'Harmattan Mali
Sirakoro-Meguetana V31
Bamako
syllaka@yahoo.fr

L'Harmattan Togo
Djidjole – Lomé
Maison Amela
face EPP BATOME
ddamela@aol.com

L'Harmattan Côte d'Ivoire
Résidence Karl – Cité des Arts
Abidjan-Cocody
03 BP 1588 Abidjan
espace_harmattan.ci@hotmail.fr

L'Harmattan Algérie
22, rue Moulay-Mohamed
31000 Oran
info2@harmattan-algerie.com

L'Harmattan Maroc
5, rue Ferrane-Kouicha, Talaâ-Elkbira
Chrableyine, Fès-Médine
30000 Fès
harmattan.maroc@gmail.com

Nos librairies en France

Librairie internationale
16, rue des Écoles – 75005 Paris
librairie.internationale@harmattan.fr
01 40 46 79 11
www.librairieharmattan.com

Librairie l'Espace Harmattan
21 bis, rue des Écoles – 75005 Paris
librairie.espace@harmattan.fr
01 43 29 49 42

Lib. sciences humaines & histoire
21, rue des Écoles – 75005 Paris
librairie.sh@harmattan.fr
01 46 34 13 71
www.librairieharmattansh.com

Lib. Méditerranée & Moyen-Orient
7, rue des Carmes – 75005 Paris
librairie.mediterranee@harmattan.fr
01 43 29 71 15

Librairie Le Lucernaire
53, rue Notre-Dame-des-Champs – 75006 Paris
librairie@lucernaire.fr
01 42 22 67 13

www.ingramcontent.com/pod-product-compliance
Lightning Source LLC
LaVergne TN
LVHW021218061026
849535LV00008B/2805